时代楷模

2021

刘永坦

矢志筑牢祖国“海防长城”的杰出科学家

中共中央宣传部宣传教育局　编

学习出版社

图书在版编目（CIP）数据

时代楷模. 2021. 刘永坦 / 中共中央宣传部宣传教育局编. -- 北京：学习出版社，2023.8

ISBN 978-7-5147-0966-7

Ⅰ. ①时… Ⅱ. ①中… Ⅲ. ①刘永坦—先进事迹 Ⅳ. ①K820.7

中国版本图书馆CIP数据核字（2022）第183260号

时代楷模·2021——刘永坦

SHIDAI KAIMO · 2021——LIU YONGTAN

中共中央宣传部宣传教育局　编

责任编辑：李　琳　朱仕娣
技术编辑：朱宝娟
装帧设计：和物文化

出版发行：学习出版社
北京市崇外大街11号新成文化大厦B座11层（100062）
010-66063020　010-66061634　010-66061646
网　　址：http://www.xuexiph.cn
经　　销：新华书店
印　　刷：北京市密东印刷有限公司

开　　本：710毫米×1000毫米　1/16
印　　张：9.25
字　　数：116千字
版次印次：2023年8月第1版　2023年8月第1次印刷

书　　号：ISBN 978-7-5147-0966-7
定　　价：31.00元

目录

CONTENTS

报道·视角

舆论·反响

评论·观点

文学·故事

视频·链接

人物档案

刘永坦，1936年12月生，江苏南京人，中共党员，中国科学院院士、中国工程院院士、哈尔滨工业大学教授，雷达与信号处理技术专家、我国对海探测新体制雷达理论和技术奠基人。

刘永坦幼年家国蒙难中萌生爱国心、强国志，在党的培养下成长成才。在其科研生涯中，刘永坦带领团队爬坡过坎，在国内率先开展了新体制雷达研究，技术成果领跑世界，并成功实现工程应用。耄耋之年，他依旧坚守在科研一线，为推进我国对海探测能力的进一步发展发光发热。数十载扎根龙江，刘永坦培育凝聚了一支掌握海防科技主动权的战略创新力量，铸就了捍卫国家领土主权的海防重器，为加快建设科技强国、海洋强国作出了突出贡献。

刘永坦是科学素养深厚、组织领导能力突出的战略科学家，是为党育人为国育才的优秀代表，是新时代共产党员的先锋榜样，荣获2018年度国家最高科学技术奖；2019年被评为“最美奋斗者”；2021年被授予“全国优秀共产党员”，入选“3个100杰出人物”。2021年9月，中宣部授予刘永坦“时代楷模”称号。

报道视角

“我这一辈子，就做一件事”

张艺开

“我这一辈子，就做一件事，能把童年时期的梦想付诸现实，是很幸福的。”1936 年出生的刘永坦，比世界第一台实用雷达晚“出生”一年，他却用一生追赶乃至领跑世界雷达技术的发展脚步。

奠定理论基础、组建“雷达铁军”、筑造“海防长城”……刘永坦是哈尔滨工业大学教授、中国科学院院士、中国工程院院士，在他的不懈努力下，我国对海探测能力实现跨越式发展。

从无到有，奠定新体制雷达理论基础

生逢战乱年代，刘永坦从小对国家兴亡感受深刻。“国家贫弱，你长大要努力改变这种局面。”父亲的这句话，在刘永坦心中留下深深的烙印。

1953 年高考后，刘永坦来到哈尔滨工业大学，在班级里年龄最小，却因懂得多被称作“小老师”。1958 年在清华大学进修后，他又回校走上三尺讲台，参与组建无线电工程系，成为相关科研的中坚力量。

改革开放后，刘永坦作为首批公派留学生前往英国。毕业时，面对导师的多次挽留，刘永坦毅然决定回国，他坚信中国人有能力研制出自己的新体制雷达。

刘永坦说，雷达能看多远，国防安全就可以保障多远，而新体制雷达可让我国海域可监控预警范围大幅提升。

对于新体制雷达的研制，刘永坦也面临着一些质疑，但他初心不改，努力坚持。当时没有中文打字机，刘永坦组建的六人团队就在几个月的时间里，手写出 20 多万字的《新体制雷达的总体方案论证报告》。

在之后的 800 多个日夜里，刘永坦率队每天工作十几个小时，进行了几千次实验分析、数万次数据获取。终于，他主持的预研项目系统突破了海杂波背景目标检测、远距离探测信号及系统模型设计等基础理论，创建了完备的新体制雷达理论体系。

1989 年，团队建起了中国第一个新体制雷达站。多部门联合举行的鉴定会宣布："新体制雷达研究成果居国际领先水平。"1991 年，该项目荣获国家科技进步奖一等奖。

步履不停，为祖国海疆装上千里眼

虽然科研成果和荣誉足以结题报奖，但刘永坦不愿就此停下。

"一定要把实验成果真正应用起来。"面对合作方对新工程提出的"全方位监测远距离目标"新要求，刘永坦知道，把实验项目转化成完整的雷达系统，是一项更艰巨的挑战。

1997 年，刘永坦团队正式开始新体制雷达工程化的研制。

设计——试验——失败——总结——再试验……刘永坦率领以哈工大为主体单位，与中国航天科工集团、中国电子科技集团等单位联合攻关的"雷达铁军"，扎根在海防前线的试验场，每天工作十几个小

20 世纪 90 年代初，刘永坦与团队青年教师讨论问题

时，饿了就吃面包充饥，困了就睡在板凳上……

“箭在弦上，不得不发。”刘永坦和成员们住在漏雨的旧屋中，饱受蚊虫叮咬和台风袭击，即便面对系统方案被全盘推翻，也从不言弃。

历经上千次试验和数次重大改进，2011 年秋天，刘永坦团队终于成功完成我国首部“新体制远距离实装雷达”的研制任务，其总体性能达到国际先进水平，核心技术处于国际领先地位，使我国成为极少数掌握远距离实装雷达研制技术的国家之一。

2015 年，刘永坦凭借该成果再获国家科技进步奖一等奖。

如今，这些雷达矗立在我国的海岸线上，对航天、航海、渔业、沿海石油开发、海洋气候预报、海岸经济区发展等都发挥着重要作用。

教书育人，培养更多杰出人才

“在党的领导下，为我们的事业奋斗终身！”在1983年的入党申请书上，刘永坦这样写道。30多年来，他也是这样做的。耄耋之年，他仍奔波在教学、科研一线。2021年，哈工大开设“永坦班”，刘永坦担任班主任，激励青年学子投身雷达科研事业。

“未来还得靠年轻人。”无论获得什么荣誉和头衔，刘永坦最看重的身份始终是“教师”，“学生读我的研究生，是对我的最大信任，要是教不好，岂不是误人子弟？”

刘永坦的学生们都说，做“坦先生”的学生，功底不扎实是不行的。故弄玄虚、华而不实的东西逃不过“坦先生”的“火眼金睛”。有没有仔细查阅文献资料、做足功课，只要“坦先生”和你一讨论，立刻就会“原形毕露”。

60多年来，刘永坦一直奔走在“科学家”和“教师”这两种角色之间。他认为，科研和教书育人相辅相成，重大科研课题为培养高层次科技人才提供了丰富生动的课堂，思想活跃的青年学生，是科研中的生力军，也是创新思想的重要源泉。

从最初的6人发展到30多人，刘永坦团队形成了新体制雷达领域老中青齐全的人才梯队，是一支作风过硬、能攻克国际前沿课题的“雷达铁军”。

2020年8月3日，刘永坦将国家最高科学技术奖的800万元奖金全部捐给哈尔滨工业大学，设立永瑞基金。

“这份殊荣不单属于我个人，更属于我们团队，属于这个伟大时代所有爱国奉献的知识分子。”刘永坦说，设立这个基金就是要助力学校培养更多的杰出人才、打造更多的“国之重器”。

截至2021年9月，刘永坦已培养研究生80多名，其中获博士学位40多人，将军、院士、大学校长、国防院所总师、高科技技术公司创始人……他的学生中，正涌现出一批批国之栋梁。

短评

心怀家国　勇于创新

柴　瑞

获得过无数荣誉的刘永坦永远将“我们团队”挂在嘴边；对荣誉奖励，他总是一推再推；对媒体采访，他常常婉言谢绝。这样的淡泊从容，让人肃然起敬。

刘永坦院士的矢志科研和长期坚守，源自心中的热爱、使命和责任。他的故事，浓缩着我国科技工作者锐意创新的精神，彰显着爱国知识分子“急人民之所急”的“大我”情怀。

学有所成后毅然回国，需要豪迈深沉的爱国情怀；勇闯世界雷达技术“无人区”，需要敢于突破的自信胸襟；长期在海边工作将“冷板凳”坐热，需要埋头苦干的扎实作风……以刘永坦为代表的科技工作者们，凭借这样的创新精神和奉献品格，夙兴夜寐、潜心攻关，换来中国科技由“跟跑”“并跑”向“领跑”的巨大转变，撑起我们国家自立自强的科技脊梁。

士不可以不弘毅，任重而道远。刘永坦院士心甘情愿为党和人民奉献一生的精神，心怀“国之大者”的品格，值得我们学习。

《人民日报》2021年9月29日

为祖国海防装上"千里眼"

刘梦丹

静谧的海岸线上，一排排整齐的新体制雷达天线迎风矗立，成为我国海防线上不可替代的"千里眼"。

这些雷达的背后，是一支初心不改、使命必达的"雷达铁军"。这支"雷达铁军"的组建者，是一位85岁高龄的共产党员。他便是哈尔滨工业大学教授、中国科学院院士、中国工程院院士刘永坦。

数十年的科研生涯中，刘永坦带领团队坚持自主研发新体制雷达，为祖国筑造出坚不可摧的海防长城。

"没有退路可言，唯有咬住牙向前走"

刘永坦1936年生于南京，少时跟随父母辗转几个城市，在颠沛流离中度过。"永坦"这个名字，不仅是家人对他人生平安顺遂的祝愿，也是对国家命运最深切的企盼。

新中国成立后，满怀欣喜的刘永坦一路北上，1953年考入哈尔滨工业大学。当时，哈工大800多名青年师生响应国家号召，把青春挥洒在北疆大地上，刘永坦便是其中光荣的一员。

1958年，刘永坦在清华大学进修后，回到哈工大参与组建无线电工程系。同年夏天，他走上了三尺讲台，率领一支治学严谨的“雷达铁军”，开始了一段和时间赛跑的峥嵘岁月。

1978年开始，刘永坦对雷达有了新的认识。传统雷达虽然有“千里眼”之称，但也有看不到的地方。“雷达能看多远，国防安全就可以保多远。别的国家已经在研制新体制雷达，中国也决不能落下。”刘永坦立下宏愿——开创中国的新体制雷达之路。

1983年，刘永坦历经10个月终于完成20多万字的《新体制雷达的总体方案论证报告》，在理论上充分论证了新体制雷达的可能性。“当时，国内技术一片空白，一切都要靠我们自己，没有退路可言，唯有咬住牙向前走。”刘永坦回忆道。

把科研成果应用到海防一线

从提出设想，到研制出新式海防重器，刘永坦带领团队扎根边疆干了近40年。

刘永坦要做的新体制雷达，摒弃直线传播的微波，选择一种可以绕着走、可以拐弯的表面波，这种波沿着海平面传播，但带来一个新问题——杂波干扰太厉害。这些来自海浪、无线电、电离层的干扰，其信号强度比要探测的目标强100万倍以上。“这要求我们发射出去的信号必须非常单纯，还要有很好的信号处理技术，能把微弱的反射信号从杂波中提取出来，形成我们需要的参数，比如速度、距离等。”刘永坦说。

砥砺奋进，排除万难，1989年，他和团队终于建成了我国第一个新体制雷达站，对海探测的距离达到了令人振奋的量级，创建了新体制雷达探测理论体系，实现了海防预警技术的重大原始创新。

1987 年，刘永坦（右二）和团队成员访问爱丁堡大学

刘永坦曾讲："成果倘若不能变成真正的应用，那就像一把没有开刃的宝剑，中看不中用。"他和团队研制出了我国首部新体制远距离实装雷达。

"不能给科研留死角。"这是刘永坦经常说的一句话。在荒无人烟的试验场，他和团队一待就是几个月。通过无数次的调整，2011 年，刘永坦的团队终于成功研制出具有全天时、全天候、远距离探测能力的新体制雷达，这是我国对海远距离探测技术的一项重大突破。2015 年，这项成果获得国家科技进步奖一等奖。

如今，刘永坦院士带队研发的新体制雷达，已经广泛部署于我国的海岸线上，为海防事业贡献"火眼金睛"。

"未来还得靠年轻人"

2019 年 1 月 8 日，刘永坦获得 2018 年度国家最高科学技术奖。

2020年8月，一场特别的捐赠仪式在哈工大校园举行。刘永坦院士和夫人冯秉瑞教授决定，将国家最高科学技术奖800万元奖金全部捐出，设立永瑞基金，助力哈工大电子与信息学科人才培养。

“作为一名普通教师和科技工作者，荣获国家最高科学技术奖，这份殊荣不单属于我个人，更属于我们团队，属于这个伟大时代所有爱国奉献的知识分子。”刘永坦说，“我们这个岁数，所求不多。未来还得靠年轻人。”刘永坦爱才惜才。这些年来，他的团队从6人发展到现在的30余人，团队骨干许荣庆说：“刘老师不仅具有顶尖的科研水平，还善于团结大家一起协力攻关，我们跟着刘老师干有信心。”

为了保障攻关，团队把党支部建在项目一线。饭桌上、开会前、散步时，刘永坦总是抓住机会激励支部的年轻人，“党员要作表率，要带头冲”“干科研，要静下心来，坐得住冷板凳”……

如今，耄耋之年的刘永坦院士仍然奋战在科研第一线，诠释着一名科学家的初心和坚守。

《人民日报》2021年8月10日

踏平坎坷成大道

吴 晶 陈 聪 屈 婷 杨思琪 王 松 王 鹤

当白发苍苍的他登台领受2018年度国家最高科学技术奖时，刘永坦——这个名字才广为人知。

2020年8月，他将800万元奖金全部捐出，用于国家电子信息领域人才培养。

这一生，他只专注于一种国之重器——新体制雷达的研究。“只要国家有需求，我的前行就没有终点。”85岁的刘永坦说。

从零开始，他干了一桩“惊天动地事”

1990年4月3日，某地雷达实验站。

时间仿佛在此刻静止。一个红色圆点，出现在一台设备的显示屏上。

红色圆点，代表着雷达监测条件下的目标。

人们开始忙碌起来：记录数据、核对信息、小声交谈或者大声惊呼……目标确认！

人群中央，那个戴着眼镜、脸晒得黝黑的人，热泪纵横。他身后，雷达天线阵迎风矗立。

他，就是主持这项科研工作的刘永坦。在这片满目荒芜的海岸上，他带领团队奋战多年，终于使我国新体制雷达实验系统首次实现目标探测！

新体制雷达能突破传统雷达探测“盲区”来发现目标，是海防战线上决胜千里之外的“火眼金睛”。20 世纪 80 年代初，少数几个掌握该技术的国家牢牢把持着对海探测的信息优势，中国始终难有突破。

“怕家国难安！怕人民受苦！怕受制于人！”

1981 年从海外留学进修归来后，这“三怕”就重重地压在刘永坦心头。他深知，真正的核心技术，任何国家都不会拱手相让。

从零开始！45 岁的刘永坦义无反顾，向中国的科研“无人区”进军。

10 个月后，团队建起来了，一份 20 多万字的《新体制雷达的总体方案论证报告》出炉了！

“没有电脑，一页稿纸 300 字，报告手写了 700 多页，写废的纸摞一起就有半米高。”团队首批骨干成员之一、哈尔滨工业大学教授张宁回忆说，刘永坦带着他们没日没夜地写了几个月，一直写到手指发麻、手腕酸痛，连鸡蛋都握不住。

一场填补国内空白的开拓性攻坚战正式拉开帷幕。

当时，雷达实验站的选址位于一片荒芜地带，批复的经费不足，发射机、接收机等模拟系统和操作系统也十分落后。

团队里有人打了蔫儿，刘永坦话语铿锵：“如果没有难点，还叫什么科研！”

选址地远离人烟，科研人员住在四面漏风的简易房子里，一天工作十几个小时，一干就是几个月。

生活不便，他们经常用冷面包充饥；交通不便，他们顶风冒雨，单程徒步3公里往返驻地和雷达站。每到天黑路过一片坟地，就用手电的光柱给自己壮胆。

1992年刘永坦（中间）与博士生在试验场

1989年，新体制雷达实验系统建成，中国人用8年时间，赶完了西方国家二三十年的路。1991年，新体制雷达项目荣获国家科技进步奖一等奖，刘永坦当选为中国科学院学部委员（院士）。1994年，他又当选为中国工程院首届院士。

随后，刘永坦带领团队从试验场转战到应用场，着力解决新体制雷达实验系统的实际应用转化。

刘永坦已是两院院士，很多人劝他“歇歇吧”“别砸了自己的牌子”，他却坚持：“科研成果不能转化为实际应用，就如同一把没有开刃的宝剑，中看不中用。”

设计——实验——失败——总结——再试验……刘永坦领着团队进行了更加艰辛的磨炼，攻克了一个又一个难题。

2011年，具有全天时、全天候、远距离探测能力的新体制雷达研制成功并投入实际应用，攻克了处于国际领先地位的核心技术。

一生不悔，他为祖国“永坦”永不停歇

美丽的海滩，海鸥不时高亢鸣叫。挺立的雷达天线阵也像这聪明、勇敢的精灵，永不停歇捕捉着来自远洋的信号。

在刘永坦看来，它们仿佛早已有了生命，是团队中的“特殊成

员”，凝结着很多人毕生的心血和梦想。他常跟人说：“我们团队的特点就是不服输、不低头、不怕别人‘卡脖子’，大胆往前走。”

这又何尝不是刘永坦自己的人生写照？

1936 年，刘永坦出生在江苏南京一个知识分子家庭，父亲是工程师，母亲是教师。

他出生后的第二年，发生了惨绝人寰的南京大屠杀。父亲给他起名“永坦”，不仅是对他人生平安顺遂的祝愿，也是对国家繁荣昌盛的企盼。

从南京到武汉，从宜昌到重庆，刘永坦的幼时记忆，充满了飞机扔下的“茄子”（炸弹）、被血染红的江水、颠沛流离的逃难……

到了十一二岁，时局渐稳，刘永坦才有了一张安稳的课桌，开始如饥似渴地学习知识。一次偶然的机会，他读到几本关于爱迪生、牛顿等科学家的少年读本，边看边想：为什么爱迪生能发明电灯，牛顿看到苹果掉落能发现万有引力，可我却什么都没发现？

大科学家的故事仿佛打开了一扇窗，让他看到了一个充满神秘的未知世界。这个少年一会儿想搭梯子上天摘星，一会儿又想下海捉鳖，各种奇思妙想犹如潮涌。

昏暗的菜油灯下，母亲常常教他诵读古诗词，陆游的《示儿》、岳飞的《满江红》，刘永坦跟着母亲一字一句，抑扬顿挫。

“莫等闲、白了少年头，空悲切……”他至今记得，母亲每每读到这句词时那激动的神情和略带颤抖的语音。

父亲从不干涉他的志向，只一句话：“科学可以救国。”

那时他还不知，这种无法言说却令人血脉偾张的感受，就是日后影响他一生的“家国情怀”。

1953 年，刘永坦以优异成绩考入哈尔滨工业大学，后作为预备师资被派往清华大学进修两年。1958 年，刘永坦回到哈工大参与组建无线电工程系，挑起了教学科研两摊任务。

1965 年，刘永坦主持并提出了国家“单脉冲延迟接收机”研制的总体设计方案，只可惜，“文化大革命”打断了这项科研任务，这个醉心于科研的青年插队落户到当时的黑龙江省五常县。

插队的经历，让他落下了严重的腰病，却也锻造了他坚韧的品格。此后无论顺境逆境、时代变迁，他对科学的求索不变，少时的报国之志不改。

1979 年 6 月，刘永坦登上了飞往英国的航班。他是“文化大革命”结束后，中国第一批公派出访的学者。

那时，在英国埃塞克斯大学、伯明翰大学的雷达技术实验室，中国学生大多做的是科研辅助工作。

“我是一名中国人，我的成功与否代表着中国新一代知识分子的形象。”

刘永坦心里不服，他铆足了劲，在实验室里度过了无数个不眠的日夜。

他的导师曾 3 次挽留这位来自中国的学生，因为“其科研成果无论在理论上还是实践上都很出色”。

“跟你同期来的中国学生，有的已经同意留在英国了。”最后一次，面对导师的劝说，刘永坦依旧淡淡一笑，微微颔首：“再次感谢您，人各有志。”

刘永坦作为公派出访学者访问英国

三十功名尘与土，八千里路云和月。如

今，耄耋之年的刘永坦，依然没有停下脚步。

在他的设计推动下，“21 世纪的雷达”将在航海、渔业、沿海石油开发、海洋气候预报、海岸经济区发展等领域大显身手，造福于民。

“一项任务完成了，就要开始下一项，只有研制出性能更好的产品，才能给国家交上满意的答卷。”他说。

一辈子一件事，他始终“燃着一把火”

从最初的 6 人发展到 30 多人，刘永坦在自己的母校——哈尔滨工业大学建起了一支“雷达铁军”，带出了新体制雷达领域老中青三代人才的“梦之队”。

他们中很多人，本可以站在讲台上成为教授，却甘愿跟着“坦院士”，扎根在偏僻清冷的海边。

同事们说，刘永坦个子高大，看起来更像个大侠。学生们说，刘老师身上有一把火，点燃了每个人的“内核”。

团队讨论，大家七嘴八舌，“坦院士”总是静静坐在一边，耐心倾听，最后再总结发言，尊重并吸纳每个人的意见。

“他是干将，是帅才，更是父兄。我们敬重他，更不能辜负他。”张宁说，“坦院士”发自内心地深爱着这份事业，关爱着年轻人的成长，每当团队有人科研进步或职称晋升，他都会特别开心。

唯独对家人，刘永坦有太多说不出的亏欠：到农村插队，妻子毫无怨言相伴相随；长年在外地，妻子一人撑起整个家，不让他分心……

他们的家中，没有豪华家具，最多的就是各类书籍和科研资料。他的书房里，一块闪闪发光、刻有“金婚之喜”的银盘，赫然与那些奖章并列摆放着。那是 2010 年 11 月，学校送给刘永坦与冯秉瑞这对哈工大“科学伉俪”相伴 50 周年的礼物。

小小细节，藏着大科学家独属的温情，更衬出他超脱凡俗的精神追求。

40 年前，他本可以像大多数人一样，选择“更好走的路”：沿着西方既有路线做更容易出成果的研究，或者直接“下海”赚钱。

可是，他甘坐“冷板凳”，多少单位高薪聘请，都被他一一谢绝。即使在 1991 年和 2015 年两获国家科技进步奖一等奖后，他依然低调无名地奋斗在一线。

2020 年 8 月，他将国家最高科学技术奖 800 万元奖金全部捐给哈工大，助力学校培养人才。

2021 年 9 月，以他名字命名的本科“永坦班”迎来第一批 00 后新生，这是他寄予厚望的后辈……

刘永坦却并不在意这些盛誉。“我们那代知识分子都是这样，只想

21 世纪初刘永坦在工作中

为国家做点事，国家的需要就是我们的需要，国家的需要就是我们个人的追求。”

中国科学院院士、哈尔滨工业大学校长韩杰才说：“一辈子一件事，刘院士始终燃着一把火。”

新华社哈尔滨 2021 年 9 月 28 日电

“坦院士”的家国情怀，远不止这 800 万元

杨思琪

这个 8 月，中国科学院院士、中国工程院院士、哈尔滨工业大学教授刘永坦又一次成为关注焦点。作为 2018 年度国家最高科学技术奖获得者，84 岁的他将 800 万元奖金全部捐出，设立永瑞基金，用于学校人才培养。

“让人尊敬的科学家”“侠之大者，国士无双”……数以万计的网友评论里，对科学的推崇、对科学家的景仰溢于言表。

20 世纪 80 年代，刘永坦开始带领团队坚持自主研发新体制雷达，40 年不懈探索，为祖国海疆雷达打造“火眼金睛”，海域监控面积从不足 20% 提升到全覆盖，更让我国成为世界上少数几个拥有该技术的国家之一。

“不服输，要创新，绝不向外面的封锁低头，做出对国家有意义的成果。”年至耄耋的他用一生践行。

“向海而兴，背海而衰”

1936 年，刘永坦在江苏南京出生。1937 年，惨绝人寰的南京大屠

杀爆发，他和家人开始了长达数年的颠沛流离之路。

国家蒙难，民何以安？从那时起，他便明白了“家国”的意义。“永坦”，是家人对他的祝愿，更怀揣着那一代人内心最深的期许。

1953 年，刘永坦考入了哈尔滨工业大学。经过一年预科、两年本科的学习，他以优异的成绩成为预备师资之一，被派往清华大学进修无线电技术。1958 年，刘永坦回到哈尔滨工业大学，参与组建无线电工程系，正式成为一名青年教师。

1979 年，凭着出色的业务水平，刘永坦被破格晋升为副教授，并作为国家外派留学生到英国深造。在英国雷达技术知名专家谢尔曼的指导下，他参与了一项民用海态遥感信号处理机的研制项目。其间，他独自完成了其中的信号处理机工程系统。

“向海而兴，背海而衰。”一个个历史教训，一次次国内外科研实力对比，让刘永坦清醒认识到：没有强大海防，就没有牢固的国家安全。真正的核心技术，任何国家都不会拱手相让，只能靠自己用智慧和奋斗去争取。

1981 年秋，刘永坦毅然回国，并带回了一个宏愿——雷达能看多远，国防安全就能保多远。立足自主研发，突破国外封锁，给祖国万里海防装上“千里眼”。

开创新体制雷达之路，在当时并没有得到很多认可。团队成员回忆说，20 世纪 70 年代中期，中国曾开展过突击性会战攻关，但由于难度太大等诸多原因，最终未获成果。

面对重重质疑，刘永坦内心始终燃着一把火：“国外能做出来，我们就一定能，只是时间和实践的问题。”

1983 年，经过 10 个月连续奋战，刘永坦课题组完成了一份 20 多万字的《新体制雷达的总体方案论证报告》，在理论上充分论证了新体制雷达的可能性，得到了原航天工业部科技委员会的肯定。

从那时起，一场填补国内空白、从零起步的开拓性攻坚战正式拉开帷幕。1989 年，他和团队在山东威海，建成了我国第一个新体制雷达站。

1990 年 4 月 3 日，一个令人终生难忘的日子——新体制雷达技术探测出海上远距离期待目标，在监视屏幕上清晰呈现——这是他们苦熬 8 年换来的成果！

这一刻，他们哭了。一行行热泪，是期盼太久的喜悦，更是一场酣畅淋漓的释放。这项任务的成功让刘永坦斩获 1991 年国家科技进步奖一等奖，并于当年当选中国科学院学部委员（院士），1994 年当选中国工程院首届院士。

年近花甲，功成名就，很多人以为他该歇歇了。刘永坦却没有停，因为他的目标不是出名，不是获奖，是要像一名钢铁卫士般守卫国家。

“一项任务完成了，就要开始下一项，只有研制出性能更好的产品，才能给国家交上满意的答卷。”刘永坦说。

在他看来，科研没有止境，国防没有上限。如果科研成果不能转化为实际应用，就如同一把没有开刃的宝剑，中看不中用，对国家来说是一种巨大的损失和浪费。要让新体制雷达走出实验室，走向海洋，成为国家海防重器。

随后 10 余年里，从试验场转战到应用场，刘永坦带领团队开始了更为艰辛的探索。设计——试验——失败——总结——调整——再试验……跌倒了，爬起来，数不清的循环往复，他们攻克了一个又一个难题。

2011 年，具有全天时、全天候、远距离探测能力的新体制雷达研制成功，标志着我国对海上远距离探测技术取得重大突破，不仅破解了长期以来困扰雷达发展的诸多瓶颈难题，更让我国海域可监控预警范围从不足 20% 达到全覆盖。

“是干将，是帅才，更是父兄”

进行雷达研制，研究人员大部分时间都要在现场试验。野外试验，条件恶劣，一干就是几个月，临到春节前一两天才回家，短短几天后又返回试验现场……作为队长，再苦再累，刘永坦总是带头干。

对海试验，他们所到之地一定是荒芜一片、没有人烟的地方，吃住条件都不具备，找来的房子多是四面漏风，夏天蚊子多，睡觉时一不小心把胳膊露在蚊帐外面，第二天就会肿得跟大腿似的。

刘永坦却并不在意，在他心里，解决问题永远是头等大事。简单来说，研制面临最大的问题，就是要从海浪、无线电、电离层等多种干扰环境中，把信号找出来。调试初期，系统频频死机，几十万行的大型控制程序，再加上发射、接收、信号处理、显示等设备组成的庞大系统，任何一个微小的故障都可能导致整个系统无法运行。要从中找出问题的症结，工作量可想而知。

2008 年刘永坦作为十一届全国政协委员参加政协会议

他们每天连续工作十几个小时，从系统的每一个程序开始检查，发现一个问题就解决一个问题，一次次保证了系统的稳定运行，推动项目转入下一阶段。

刘永坦总是鼓励大家，这些磨难是好事，因为不碰到问题就永远提高不了。我们不能只拥有书本上漂亮的理论，只有让它们在实际中解决问题，才能展现出理论的完美。

不同于以往的微波雷达，就连航天方面的专家在论证时都低估了其工程化的难度。

关键时刻，刘永坦没有退缩："每一个科研项目的成功，不都是从一次次失败中闯过来的吗？如果没有难点，还叫什么科研？只要齐心协力，就没有攻克不了的难关！"这番话深深影响着团队每一个人，经过反复讨论，他们决定争取国家有关部门支持，确保项目开展下去。

团队成员回忆说，那时开讨论会，大家总是七嘴八舌，"坦院士"坐在一边，先是静静倾听，最后再总结发言，他尊重每个人的意见。有时候为了一个问题，他们会从晚上 7 点一直争论到第二天凌晨。

在身边人眼中，刘永坦不善言辞，大家对他的敬重却丝毫不减。因为他是技术上的权威、精神上的领袖，他拥有科学家的远见卓识、攻坚克难的科学作风，他就是标杆。

团队里，有的年轻教师在加入时，女儿刚出生，等项目告一段落再回到家，女儿已经三四个月；为了赶进度，每人每两个月才有 6 天的休息时间，这还包括回家路上的时间……

海边雷达站，经常刮台风。台风一来，暴风雨就会撞开门窗，灌进屋里。一次，因为担心房屋倒塌，团队大部分成员撤到了较为安全的地方，只留下许荣庆、张宁两位核心成员守护设备。那一晚，刘永坦一夜没合眼，第二天一大早，他立刻返回雷达站，没想到，屋里灌满泥水，一片狼藉。为了收拾，3 个人成了泥人，只有设备安然无恙。

"这么多年下来，最让我感动的就是，在这样艰苦的环境下，团队成员没有一个人叫苦，没有一个人计较个人得失。无论是年近花甲的老教授，还是正在读博的年轻人，全都是一门心思扑在工作上。"刘永坦说。

外人评价说，这是一支肯吃苦、能打硬仗的"雷达梦之队"。刘永坦始终爱才惜才，不能让干事创业的人流血流汗又流泪。

为了留住人才，哈尔滨工业大学探索完善科研评价体系，让奉献者不吃亏，让奋斗者有收获。多年来，刘永坦的团队里，有多人凭借重大科研项目成果，被破格提升为教授。

“‘坦院士’像父亲、兄长一样关照我们的工作和生活，这是他对团队的重视，对事业的珍爱。”张宁说，“我们不能辜负。”

然而，也有人选择离开。每当这时候，刘永坦都会感到些许遗憾，因为在他心里，他们是能干事的。

如今，他的团队从最初的 6 人发展到 30 多人，形成了新体制雷达领域老中青三代人才梯队，在祖国北疆建起了一支“雷达铁军”。

“科研人的浪漫，就是并肩作战”

在刘永坦家，没什么豪华家具，最多的就是各类书籍和科研资料。他的书房里，一块刻有“金婚之喜”的银盘闪闪发光，很是夺目。那是 2010 年 11 月，学校离退休工作处为纪念刘永坦和夫人冯秉瑞结婚 50 周年送给他们的。

1953 年，刘永坦、冯秉瑞来到哈尔滨工业大学求学，随后一同留校任教。60 年来，夫妇二人坚守科研教学一线，在哈尔滨工业大学度过了大半生时光。

每次采访，刘永坦谈到的多是别人的困难，对于自己却很少提及。团队里都知道，这对“神仙眷侣”的浪漫背后，有着很多不为人知的秘密。

结婚多年，刘永坦长期在野外试验，几乎是妻子一人撑起整个家，成为他最强有力的后盾。他得了腰椎间盘突出，她找来医生按摩；他到农村插队，她没有怨言紧紧相随；一家人的生活，她上下打点，不让他分心……伉俪情深，唯有并肩作战，才是属于他们的浪漫。

数十载光阴，一群大学生、博士、教授，本可以站在讲台上，却到偏僻落后的海边一年又一年地拼搏。漫长的岁月里，他们送走了青春，迎来了中年，现如今，刘永坦已到了白发苍苍的耄耋之年……

“我们那代知识分子都是这样，只想为国家做点事，国家的需要就是我们的需要，国家的需要就是我们个人的追求。”

年幼时，父亲曾一再对刘永坦说，不管将来学什么专业，都要多为国家干点事。

在刘永坦心底，中国人那觉醒的灵魂就是对科学的追求，对祖国的赤诚，这绝非任何金钱或赞誉能撼动的。多少单位高薪聘他做课外教授，都被他一一谢绝。

在刘永坦的影响下，儿子刘兴钊也从事雷达研究。他说，父亲教给他最重要的一课，便是对学术的追求不是简单地“为发表而写论文”“为评职称汲汲努力”，而是要做出真正有用的研究，怎样对国家有利，就怎样去做。

转眼又十年，刘永坦夫妇携手走过六十载。时值哈尔滨工业大学迎来建校百年，他们共同作出一个决定，将可以由个人支配的国家最高科学技术奖奖金 800 万元，全部捐献给母校，设立永瑞基金，聚焦国防电子工程领域，助力学校培养更多杰出人才，打造更多国之重器。

永瑞基金，正是从夫妇二人名字中各取一字。这是他们情比金坚的见证，更是这一代知识分子对国之未来最深沉的期许。

新华社北京 2020 年 8 月 7 日电

刘永坦："从 0 到 1"，为海疆雷达打造"火眼金睛"

杨思琪　胡　喆

坚持自主研发新体制雷达，打破国外技术垄断，为我国海域监控面积的全覆盖提供技术手段；40 年坚守，带出一支"雷达铁军"……他就是 2018 年度国家最高科学技术奖得主，中国科学院院士、中国工程院院士、哈尔滨工业大学教授刘永坦。2019 年 1 月 8 日，刘永坦在北京人民大会堂接过了沉甸甸的奖章、证书。

刘永坦带领团队研制的新体制雷达究竟新在哪？他告诉记者，这款雷达不仅能够"看"得更远，还能有效排除杂波干扰，发现超低空目标，对于对海远程预警来说至关重要。为了这个"新"字，他在"冷板凳"上一坐就是 40 年。

给海疆装上"千里眼"：为我国海域监控面积的全覆盖提供技术手段

严冬时节的山东威海，寒风萧瑟。刘永坦带领团队成员一同检查正在调试的新体制雷达设备，面前是一个面积约 6000 平方米的雷达天线阵，天线阵外就是波浪翻滚的大海。此时，年过八旬的刘永坦精神矍铄，满眼欣喜。

如果说雷达是“千里眼”，那么新体制雷达就是练就了“火眼金睛”的“千里眼”，被称为“21世纪的雷达”。它不仅代表着现代雷达的发展趋势，更对航天、航海、渔业、沿海石油开发、海洋气候预报、海岸经济区发展等都有着重要作用。

早在1991年，经过10年科研，刘永坦在“新体制雷达与系统试验”中取得了重大突破，并建成我国第一个新体制雷达站，获得国家科技进步奖一等奖。

那时，身边很多人劝他“功成名就、见好就收”，但刘永坦却说：“这还远远不够。”在他看来，科研成果如不能转化为实际应用，就如同一把没有开刃的宝剑，中看不中用。“一定要让新体制雷达走出实验室，走向海洋。”

随后的10余年里，从试验场转战到实际应用场，他带领团队进行了更为艰辛的磨炼。由于国际上没有完备的理论，很多技术难点亟待填补，再加上各个场域环境差异巨大，新体制雷达的“落地之旅”格外艰难。

“解决不了抗干扰问题，雷达就没有生命。”刘永坦说，各种各样的广播电台、短波电台、渔船，发出强大的电磁干扰是最大的难题。设计——试验——失败——总结——再试验……他带领团队进行上千次调整，终于找到了解决方案。

这项完全自主创新的研究成果于2015年再次获得国家科技进步奖一等奖。它不仅破解了长期以来困扰雷达发展的诸多瓶颈难题，更让我国成为世界上少数几个拥有该技术的国家之一。

“依靠传统雷达，我国海域可监控可预警范围不足20%，有了新体制雷达，则实现了全覆盖。”刘永坦告诉记者，给祖国的万里海疆安上“千里眼”，国防才能更安全。

“不能向外面的封锁低头”：他 40 年坚守开创中国新体制雷达之路

1936 年 12 月，刘永坦出生在南京。第二年，发生了惨绝人寰的南京大屠杀。南京、武汉、宜昌、重庆……刘永坦回忆说，他的童年被颠沛流离的逃难充斥，让他从小就对国家兴亡有着深刻理解。

“永坦”是家人对他的祝愿，更代表着国人对国家命运的期许。刘永坦坚信，科技可以兴国，他一定要实现这个最朴素的愿望。

1953 年，刘永坦以优异的成绩考入了哈尔滨工业大学，大三时，他作为预备师资到清华大学进修，开始接触无线电技术，返回哈尔滨工业大学后组建了无线电工程系。

1979 年，被破格晋升为副教授的刘永坦作为国家外派留学生，到英国深造。“我是一名中国人，我的成功与否代表着中国新一代知识分子的形象。”踏出国门的一刻，他发誓要做出一番名堂。

在英国雷达技术知名专家谢尔曼导师的指导下，刘永坦参与了一项民用海态遥感信号处理机的研制项目，并独自完成了其中的信号处理机工程系统。正是这次科研，让刘永坦与雷达结缘。

“雷达看多远，国防安全就能保多远。这样的雷达别的国家已经在研制，中国决不能落下，这就是我要做的事。”1981 年秋，毅然回国的刘永坦带回了一个宏愿——开创中国的新体制雷达之路。

刘永坦说，在国外，无论做多少工作，取得多大成就，都是给别人干活。只有回到祖国，才是真正的归属。

然而，要建新体制雷达，在当时的中国简直是异想天开。哈尔滨工业大学原副校长李绍滨介绍，20 世纪 70 年代中期，中国曾经对此进行过突击性会战攻关，但由于难度太大、国外实行技术封锁等诸多原因，最终未获成果。

面对重重质疑，刘永坦始终坚信：新体制雷达一定能做出来，只是时间和实践的问题。

1983 年，经过 10 个月连续奋战，刘永坦完成了一份 20 多万字的《新体制雷达的总体方案论证报告》，在理论上充分论证了新体制雷达的可能性，得到原航天工业部科技委员会的认可。

"没有谁会告诉你关键技术，只有咬牙向前走，不能向外面的封锁低头。"一场填补国内空白、从零起步的具有开拓性的攻坚战从此开始，刘永坦立志要向国家交上一份满意的答卷。

把"冷板凳"坐热：他带领团队建立起一支雷达科研"铁军"

"这件事可能要干一辈子，不光我自己，要集结全系的力量，甚至更多的力量。"刘永坦说，相对于一些短平快的科研项目，新体制雷达是个十足的"冷板凳"。

团队骨干许荣庆、张宁、邓维波等人都说，刘老师是学术上的干将，更是团队里的帅才，他懂得如何调动大家一起攻关。

雷达调试初期，系统死机频频出现。几十万行的大型控制程序，再加上发射、接收、信号处理、显示等诸多设备，任何一个微小的故障都可能导致整个系统无法运行。

"不能给科研留死角。"刘永坦就率领团队每天工作十几个小时，从系统的每一个程序开始检查，发现一个问题就解决一个问题。

1990 年 4 月 3 日，对于团队来说是个刻骨铭心的日子——这一天，新体制雷达技术终于使目标出现在屏幕上。团队所有成员都流泪了，是成功后的狂喜，也是多年压力的释放。

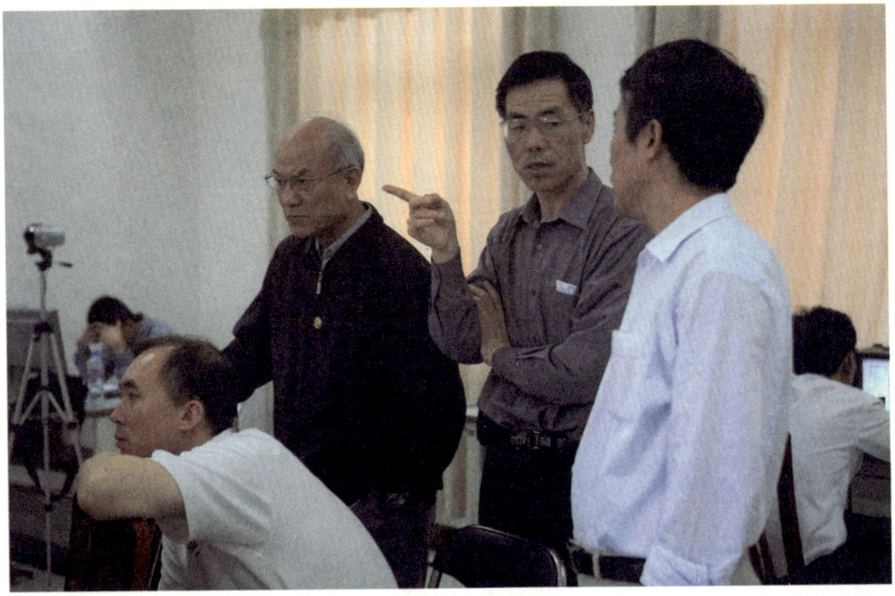

2000年刘永坦（左二）与许荣庆（右二）、张宁（右一）在外场试验中

40年里，刘永坦的团队从最初的6人发展到30多人，成为新体制雷达领域老中青齐全的人才梯队，建立起一支雷达科研“铁军”。

“围绕一个方向，聚焦一个领域，刘永坦一干就是40年。不以困难为断点，不以成就为终点，这种科研精神对后辈来说是激励，更是向导。”哈尔滨工业大学副校长、中国科学院院士韩杰才说。

刚领完奖，这位“80后”老院士又许下了新的愿望，继续带领团队向小型化雷达进军，让技术造价更低，让功能性能更优，更好保卫祖国海疆。

新华社北京2019年1月8日电

一位战略科学家的初心与坚守

中共黑龙江省委

习近平总书记在中央人才工作会议上的重要讲话中指出，“战略人才站在国际科技前沿、引领科技自主创新、承担国家战略科技任务，是支撑我国高水平科技自立自强的重要力量”。刘永坦就是这样一位杰出的战略科学家。他是我国著名雷达与信号处理技术专家，我国对海探测新体制雷达理论和技术奠基人，国家最高科学技术奖获得者，中国科学院院士，中国工程院院士，哈尔滨工业大学教授。

作为杰出的战略科学家，他四十年如一日专注国防科技事业，开创了中国新型雷达之路，以矢志报国、担当有为的家国情怀和追求真理、勇攀高峰的科学精神，为我国对海探测技术跨越式发展作出了重大贡献。

他还是学生心目中的“坦先生”，扎根东北六十载，立德树人、教书育才，以严谨治学、脚踏实地的优良学风和甘为人梯、淡泊名利的道德情操，为党和国家培养了一批批优秀科研人才。

在中国共产党成立 100 周年之际，党中央授予刘永坦“全国优秀共产党员”称号，中共中央宣传部授予他“时代楷模”称号。

一片丹心，筑牢万里海疆

“我这一辈子，就做一件事，能把童年时期的梦想付诸现实，是很幸福的。”1936 年，刘永坦出生在江苏南京一个温馨的知识分子家庭，父亲是工程师，母亲是教师。生于书香之家，却逢战乱年代。惨绝人寰的南京大屠杀就发生在他出生的第二年。从南京到武汉，从宜昌到重庆，幼年的刘永坦随着父母辗转逃难。儿时的记忆，有飞机扔下的“茄子”（炸弹），有被血染红的江水，更有母亲教他背诵《满江红》时悲愤的神情、哽咽的声音，有父亲嘱咐他“科学救国”的谆谆教诲和殷殷期望。报国图强的种子，在刘永坦的心中深深埋下，生根发芽。

1953 年，17 岁的刘永坦以优异成绩考入哈尔滨工业大学。大三时，他作为预备师资到清华大学进修，开始接触无线电技术；两年后，返回哈尔滨工业大学任教。乘着改革开放的春风，1979 年 6 月，作为我国第一批公派出访的学者，刘永坦到英国进修。“我的成功与否代表着中国新一代知识分子的形象。”学习期间，刘永坦与雷达结缘，认识到“雷达看多远，国防安全就能保多远”。

300 多万平方公里的海洋国土是我国殊为宝贵的财富，1.8 万多公里的海岸线是必须捍卫的前线。没有强大的海防，就没有稳固的国家安全。能够料敌先机的雷达技术，将给我国的海疆装上“千里眼”，为万里海岸线筑就“科技长城”。雷达技术，也让亲历过民族屈辱历史的刘永坦锚定了实现科技强国理想的研究方向。1981 年 10 月，45 岁的刘永坦怀着“中国必须拥有新体制雷达，我要研制出中国的新体制雷达”之志，回到祖国，从零开始踏上艰辛探索之路。

新体制雷达被誉为“21 世纪的雷达”，可以克服传统雷达无法探测地平线以下目标的弱点，“看”得更远，“看”到目不所及，不仅是拱卫海疆的“火眼金睛”，而且在航天、航海、渔业、沿海石油开发、海洋气候预报、海岸经济区发展等领域具有无可替代的重要作用。20世纪70年代中期，我国曾对新体制雷达进行过突击性会战攻关，但由于研发难度大，没能取得实质性成果；到80年代初，我国相关研究尚未实现理论突破，而已开展探索的其他国家对技术严密封锁。

“只有咬牙向前走，不能向外面的封锁低头”，“中国决不能落下”，“国外能做出来，我们就一定能”。功夫不负有心人，1982年秋天，立项得到批准。接下来是10个月的不眠不休，刘永坦带着6个人的团队连续奋战。“没有电脑，一页稿纸300字，报告手写了700多页，写废的纸摞起来有半米高”，团队首批骨干成员之一、哈尔滨工业大学教授张宁回忆，刘永坦带着他们没日没夜地写了几个月，“喝光”的墨水瓶不计其数，有时候写得手腕酸痛、手指发麻，连鸡蛋都握不住。终于，一份20余万字的《新体制雷达的总体方案论证报告》顺利通过国家评审论证。

然后又是800多个日夜，数千次试验，数万个测试数据……他带着团队全身心扑在案头、守着实验室，对关键技术一项一项攻关，对硬件一项一项论证。6人课题小组中学雷达专业出身的只有3人，刘永坦带着大家边学边干，相继攻克海杂波背景目标检测、远距离探测信号及系统模型设计等理论难关，于1986年创建了完备的新体制雷达理论体系，实现了我国海防预警科技的重大原始创新。

以身许国，何事不可为！“只想为国家做点事，国家的需要就是我们的需要，国家的需要就是我们个人的追求。”这就是刘永坦，把自己的理想同祖国的前途、把自己的人生同民族的命运紧密联系在一起，以为国分忧、为国尽责为志，并为之不懈奋斗。

一腔赤诚，进军科学高峰

科技创新永无止境，探索脚步永无止息。刘永坦深知，建设新体制雷达绝不能停留在“纸上谈兵”，只有能够真正“大海捞针”，才能为我国筑就一道“海防长城”。以奠定理论基础为新起点，他又带领团队踏上一场从无到有的征途，立志把论文写在祖国万里海疆。

实验站是开启新体制雷达从理论到实践的第一站，也是关键一站。

理论是全新的，没有可以借鉴的实验系统，没有现成的图纸和方案，想要验证它，只有摸着石头过河。经费有限，发射机、接收机等模拟系统和操作系统不能满足实验需要，建站面临重重硬件困难。实验站要在一片荒芜之地拔地而起，和驻地之间有 3 公里的距离，没有任何交通工具，只能顶风冒雨徒步往返。选址远离人烟，只有实验设备为伴，简易房子四面漏风……这些都是野外实验工作和生活的常态。

2018 年，刘永坦与青年教师及学生在实验室

在前所未有的困难面前，有的人打了蔫儿，有的人打起了退堂鼓。关键时刻，面对困境，作为带头人的刘永坦话语铿锵：“如果没有难点，还叫什么科研！有条件要干，没有条件创造条件也要干！”

当时已经年逾五十的刘永坦，带着队伍克服工作和生活的重重困难，和大家同遭蚊子咬、同受台风吹，在荒滩一干就是几个月，每天工作十几个小时，连熬几个昼夜是家常便饭，经常是饿了吃一口冷馒头充饥，困了就倒在实验室的板凳上凑合一觉。就这样，经过成千上万次的反复实验，新式天线、全新信号处理机、低相噪发射机等关键设备陆续问世。到 1989 年年底，我国第一个新体制雷达实验站在山东威海建成。

雷达站建成投入使用，刘永坦团队科研攻坚的重点转移到捕捉目标回波上。

严冬时节，海风刺骨。驻守荒滩，只有迎风矗立的雷达天线阵为伴，天线阵外海浪翻滚。因为环境变化，系统频频死机。几十万行的大型控制程序，各个环节都要一一对接，任何细微差错都可能导致功亏一篑，只能一次次调试、一次次返工、再一次次调试……1990 年 4 月 3 日，当一个小小的红色圆点出现在显示屏上时，大家屏住了呼吸，开始记录数据、核对信息。随着时间一分一秒走过，寂静的海滩慢慢出现窃窃私语、小声交谈，进而出现颤抖的欢呼、兴奋的呐喊……目标确认！这一刻，激动的泪水顺着刘永坦刚毅的面颊流淌。8 年披荆斩棘，8 年坚持不懈，8 年赶完了西方国家二三十年的路，我国新体制雷达实验系统终于首次实现目标探测！新体制雷达研究成果获得 1991 年国家科技进步奖一等奖。

“这个事情没完，还得往前走！”完成从理论到技术的创新突破，刘永坦又把目光聚焦到科研成果的实战转化，决心为国家研制出一套能真正布置在海防线上的装备工程。

南方某新建大型雷达站基地，刘永坦和团队成员们看着雷达回波监控的目标淹没在更复杂的电离层杂波中，难以分辨，心里五味杂陈。之前在实验站验证成功的方法遇到了严峻挑战。“解决不了抗干扰问题，雷达就没有生命。”刘永坦带领团队开始攻克“抗杂波”这个当时国际上公认的难题。越靠近赤道，新体制雷达受到的环境干扰就越严重，甚至可能让雷达变成“睁眼瞎”。这是导致许多开展新体制雷达研究的国家停留在实验阶段难以继续的原因之一。几夜无眠，刘永坦一遍遍分析、研判，发现能走的路只有一条：对实验系统大幅调整改动，彻底改造。刘永坦带领大家一起分析杂波来源、特性，组建若干研究小组，齐头并进、多点出击，设计——试验——失败——总结——再试验……团队成员“三班倒”“连轴转”，日夜奋战。经过不断反复调整，当再次进入到实际运行时，如星星一般的目标出现在显示器湛蓝的背景上，世界性杂波难题被攻克！

又是二十载春秋，2011年，刘永坦带领团队成功研制出我国首部全天时、全天候、远距离、海空兼容的海防预警装备，与国际最先进同类雷达相比，系统规模更小、作用距离更远、精度更高、造价更低。中国成为世界上极少数拥有该技术的国家之一，我国海防战略纵深得到极大拓展，为推动我国海军走向深远海、建设海洋强国提供了坚强技术后盾。2015年，这项成果获得国家科技进步奖一等奖。

以探究真理、发现新知为使命，直面问题、迎难而上，把科技自立自强的职责使命担在肩上，不断攀登科技高峰——这就是刘永坦展现出的科学精神和品格。

一生燃烛，光耀师者风范

习近平总书记指出：“中国是一个大国，对人才数量、质量、结构的需求是全方位的，满足这样庞大的人才需求必须主要依靠自己培养，提高人才供给自主可控能力。”为国家培养更多青年人才，也是刘永坦一生的追求。

获得很多荣誉和头衔的刘永坦，最看重的还是“教师”这个身份。刘老师或者“坦先生”是同学们对他的亲切称呼，也是他最喜欢的称谓。桃李不言，下自成蹊。他以心燃灯，照亮一代又一代学子的成长之路，为国家培养了一批又一批优秀人才。

甘为人梯，以自己的知识积累和学术积淀“教人求真”，刘永坦以此为执教使命。1958年回到哈尔滨工业大学任教以来，他参与组建无线电工程系，坚守教学一线60多年，先后讲授10多门课程。对学生和青年教师，他悉心指导、倾情付出。有时腰疾复发，刘永坦忍住“腰断了一样”的剧痛，或继续为学生讲课，或旁听青年教师试讲。甚至卧床不起时，他还把研究生叫到家里研讨课题、研究论文、交流科研心得。他严以治学，要求学生脚踏实地、扎扎实实做学问。“有的人聪明，学什么东西立刻理解，是好事。而有的人或许不够聪明，但做事踏实，可能会走得更远。”在刘永坦看来，“只有做到规格严格、功夫到家、学懂弄通，才能不拘一格去创新”。他的学生说，做“坦先生”的学生，功底不扎实是不行的，故弄玄虚、华而不实的东西逃不过“坦先生”的“火眼金睛”。有没有仔细查阅文献资料、做足功课，只要和“坦先生”一讨论，立刻就会“原形毕露”。“学生读我的研究生，是对我的最大信任，要是教不好，岂不是误人子弟？”他始终保持对学生负责到底的态度，主张学以致用，把学生“真刀实枪放到真实的环境里去锻炼”。

学高为师，德高为范。老师对学生的影响，离不开老师的学识和能力，更离不开老师为人处世、于国于民、于公于私所持的价值观。刘永坦胸怀家国、治学纯粹，率先垂范投身科研一线，以身作则不断钻研、勇于挑战科研新高度。“（新体制雷达）这件事可能要干一辈子，不光我自己，要集结全系的力量，甚至更多的力量。”从最初的6个人

2014 年刘永坦（右一）作为研究生院院长在研究生毕业典礼上发言

到后来的 30 多人，刘永坦带出了新体制雷达领域老中青三代人才梯队，带出了一支作风过硬、能攻克国际前沿课题的“雷达铁军”。他们中有的人本可安于以教授身份站在讲台上、坐进实验室，却仍愿意跟着“坦先生”扎根在偏僻清冷的海边做“苦学问”。“我们敬重他，不能辜负他。”张宁由衷地说。

“事业需要接班人，未来还得靠年轻人。”2021 年 9 月，以刘永坦名字命名的“永坦班”迎来第一批 27 名 00 后本科新生。刘永坦不顾 85 岁高龄和积年腰疾，亲自担任班主任，以言传身教着力培养学生的家国情怀和科学精神，激励青年学子投身国防和科研事业。

党的十九届五中全会明确了到 2035 年我国进入创新型国家前列、建成人才强国的战略目标。习近平总书记指出，要“坚持面向世界科技前沿、面向经济主战场、面向国家重大需求、面向人民生命健康，深入实施新时代人才强国战略，全方位培养、引进、用好人才，加快建设世界重要人才中心和创新高地，为 2035 年基本实现社会主义现代化提供人才支撑，为 2050 年全面建成社会主义现代化强国打好人才基础”。实现这一战略目标，正需要一大批一生燃烛、诲人不倦的“坦先生”。

一份淡泊，永葆初心不改

当年，面对英国伯明翰大学授予的名誉研究员称号和导师的再三挽留，面对留英任教的国际领先研究条件和优越生活待遇，刘永坦毫不动心，怀着浓浓报国之情，投身到祖国建设事业中。“可以在科研成果上堂堂正正地署上‘中华人民共和国’，这种心情是何等舒畅。”他这样解释自己毫不犹豫的选择。

年逾不惑，敢于从零突破、从理论奠基做起。相对于一些短平快的科研项目或更容易出成果的研究，刘永坦以国家需要为导向，不怕坐“冷板凳”，选择以研制新体制雷达为一生的事业。“在党的领导下，为我们的事业奋斗终身！”回国后，他在入党申请书上这样写道。

经过艰苦攻关取得重大研究突破、获得国家大奖时，面对“功成名就、见好就收”的劝说，面对“歇歇吧”“别砸了自己的牌子”的建议，刘永坦坚持不慕虚荣、决不躺在功劳簿上，“一定要让新体制雷达走出实验室，走向海洋”，从试验场转向实际应用场，继续奋战。

刘永坦专注国之重器的研究，干惊天动地事，却只愿潜心治学，做隐姓埋名人。直到 2019 年 1 月 8 日，白发苍苍的刘永坦从习近平总书记手中接过国家最高科学技术奖的奖章和证书时，他的名字才广为人知。

这些年来，面对一些单位的高薪聘请，刘永坦说，“钱对一个知识分子来说有什么意义？情怀和理想才是最重要的”。名利不足为惑，他没有利用头衔和荣誉去“下海”赚钱，而是更加聚焦专业、心无旁骛。科研攻关时，他常常会带领团队“闭关”——两耳不闻窗外事，一心只解科学题，集中精力研究问题、潜心钻研。

刘永坦的家里没有奢华家具，最多的就是各类书籍和科研资料。书房里一块刻着“金婚之喜”的银盘闪闪发光，与其他奖章并列摆放，很是夺目。小小细节，藏着这位大科学家心底最柔软的温情。那是 2010 年 11 月，学校为纪念刘永坦和夫人冯秉瑞这对“科学伉俪”结婚 50 周年送给他们的礼物。当年，他们夫妇二人来到哈尔滨工业大学求学、工作，漫长的岁月里，他们携手走过寒来暑往，如今已是皓首老人……2020 年 8 月 3 日，刘永坦夫妇相互搀扶着走进哈尔滨工业大学行政楼，将国家最高科学技术奖 800 万元奖金全部捐出，设立永瑞基金，用于电子与信息学科人才培养。“永瑞”是从夫妇二人名字中各取一字，永瑞基金是他们情比金坚的见证，更是一代知识分子对国之未来最殷切的期盼。一辈子、一件事，刘永坦始终燃着一把火。如今，他们夫妇二人将这科学之火传递下去，鼓励更多年轻人踏上科技强国之路。

“我们这个岁数，所求不多”，“能够助力国家培养更多杰出人才、打造更多国之重器，这心愿就能使我们重新年轻”。淡泊以明志，宁静以致远。把热爱科学、探求真理作为毕生追求，专注于自己的科研事业，勤奋钻研，静心笃志。这就是刘永坦的坚守，是我们这个时代要崇尚的品格、要弘扬的情操。

耄耋之年，刘永坦仍心怀强烈的使命感、紧迫感和责任感：“新体制雷达还有很多工作要完成，国家对创新人才的需要还很迫切，我一刻也不能懈怠。”刘永坦以“斗罢艰险又出发”的壮志豪情，正带领团队向推动新体制雷达小型化、多基地、分布式等方向进军，要让“21 世纪的雷达”在中国大地不断发展进步，更好护卫万里海疆、更好服务全面建设社会主义现代化国家新征程。

《求是》2021 年第 24 期

“还得往前走!”

陈海波

“如果别人做出来了，我们再跟着做，国防安全会受到影响。”

——刘永坦

1983年，人到中年的刘永坦，像第一次远行的少年，满怀憧憬和激动。

这一年，他将中国人从未有过的一个大胆设想，变成了一份20万多字的报告——《新体制雷达的总体方案论证报告》，并获得航天工业部（1988年与航空工业部合并成立航空航天工业部，1993年撤销，成立中国航天工业总公司及国家航天局）科技委员会一致通过。他憧憬，因为终于迈出了第一步。

这一年，他怀着激动的心情提交了入党申请书，并在申请书里写道：“在党的领导下，为我们的事业奋斗终身！”他激动，因为这也只是第一步。

为了这第一步，他准备了很久。为了第二步、第三步……他还要准备更久。“永坦”，这是一个名字，也是一种企盼。

“王师北定中原日，家祭无忘告乃翁”“三十功名尘与土，八千里路云和月”……这是刘永坦儿时常常朗诵的古诗词。这些诗词以及他颠沛流离的遭遇，构成了他对生活的这片土地的最初认知。

出生于战乱中的旧中国，刘永坦从小对国家兴亡感受深刻，记忆中满是飞机扔下的“茄子”(炸弹)、被血染红的江水……在新中国“红旗下长大、接受共产党教育”的他，急切地想报答这片土地。所以，发现祖国的海域处于无法有效监控的危险处境时，他心绪难宁。

1979 年，刘永坦到英国进修，接触到先进的雷达技术。“中国也必须发展这样的雷达！这就是我要做的！”他内心翻涌。

踩在不同的土地上，走在不同的街道上，刘永坦对遥远的祖国有了更深的感情，“迫切地希望加入党组织，更好地完成强大我们的祖国这个想法”。

两年后，在英国结束进修回到中国的刘永坦，选择了一条艰难的路——研制一种新体制的对海探测雷达。

当时，国内在新体制雷达领域是一片空白。即使放眼世界，有些国家开展了研制，但也还没有成功。

然而，刘永坦自信而笃定：“如果理论上可行，我就一定要往前拱。”

刘永坦一步一步“往前拱”，步伐很慢、很费力。对于这个看起来“希望渺茫”的新体制雷达，身边很多人劝他放弃：有很多事可以做，为什么一定要做这个？刘永坦回答：“如果别人做出来了，我们再跟着做，国防安全会受到影响。”

为了争取国家支持，刘永坦经常往北京跑。于是，有了上面提到的第一步。接下来，是第二步、第三步……他带领科研人员在荒无人烟的试验现场埋头苦干，终于在 1989 年建成了我国第一个新体制雷达站。

刘永坦实现了当初的宏愿。有人劝他停下来歇歇，但他说：“这个事情没完，还得往前走！”

他想要让雷达更加实用。于是，又是一步一步“往前拱”。2011年，刘永坦团队成功研制出具有全天时、全天候、远距离探测能力的新体制雷达，使我国对海远程预警技术水平步入国际前列。

这次，可以停下脚步了吗？不！刘永坦还想让新体制雷达更小型化，用途更广泛。没有最后一步，只有下一步——往前拱！

或者，换成那句誓言，那就是——“在党的领导下，为我们的事业奋斗终身！”

《光明日报》2022年3月30日

只要国家需要
我们就一定要干好

张士英

2021 年 9 月 26 日，《为你而生——刘永坦传》新书发布会在黑龙江哈尔滨举行。

“我只是一名普通的教师和科研工作者，能够把一个知识分子的理想付诸现实，是一件很幸福的事情。希望用我们的故事来激励广大学子树立坚定的报国信念，把国家需要作为干事创业的出发点和落脚点，在各领域创造更多利国利民的重器、利器！”发布会现场，哈尔滨工业大学刘永坦院士通过音频发表感言。

新书透过刘永坦的人生经历和科研贡献，展现了一位知识分子的拳拳爱国之心和科技报国之志。

一生只做一件事，一辈子推动国家对海探测领域前瞻布局，刘永坦扎根黑龙江六十余载，40 年坚持自主研发新体制雷达，打破国外技术垄断，带出了一支敢打硬仗、能打胜仗的“雷达铁军”。

别的国家已在研制，中国决不能落下

1981 年秋天，45 岁的刘永坦结束在英国的进修，起程回国。在外学习期间，他对雷达有了全新认识。此刻，他的心中萌生出一个宏愿——开创中国的新体制雷达之路。

新体制雷达有多重要？“雷达相当于人的眼睛，你能看多远才能说保护你的海岸线和海域有多远。”刘永坦介绍，我国海洋国土面积世界排名第九，有300多万平方公里，但当时能有效监测的范围不到20%，“大部分看不到、管辖不到，别人进入我们的海域，比如到岛礁捕鱼、勘探石油、建立钻井平台等，或者敌方目标进来，我们都不知道。”

研制新体制雷达有多难？一是高频波段的散射和传播特性与微波波段截然不同，目标探测面临的外部电磁环境远比微波雷达复杂，现有常规雷达理论与技术无法适用。二是国际上处于探索起步阶段，国内技术完全空白，没有任何理论和技术可供借鉴。20世纪70年代中期，中国曾对此进行过突击性会战攻关，但由于难度太大、国外实行技术封锁等原因，最终未能成功。

研究这项技术，对刘永坦个人和科研团队来说，风险极大，很有可能几十年下来没有任何成果，也可能一辈子默默无闻。“别的国家已经在研制，中国决不能落下，这就是我要做的事。”刘永坦内心笃定。

坚定的信念源于童年的苦难记忆。20世纪30年代的中国，苍生蒙难，家国难安。1936年，刘永坦出生于南京一个书香门第。出生不到一年，就随家人开始10余年的逃难生涯，“那种苦深深印在脑袋里”。取名“永坦”，是家人对他平安顺遂最好的祝愿，更是对国家命运最深的企盼。

“莫等闲、白了少年头，空悲切……”在昏暗的菜油灯下，母亲用慈祥的声音诵读诗词，父亲常常告诉他“科学可以救国，可以振兴中华”。这让刘永坦对国家兴亡感受深刻，也让他将“家国”二字融入血液。

为了迅速形成我国新体制雷达发展的整体方案，刘永坦带领团队，

2007 年刘永坦（左一）与团队成员张宁、周共健在外场试验基地

在几个月的时间内，熬出了一份 20 余万字的对海探测报告。“这 20 余万字可不是用打印机打出来的，而是团队成员一笔一画手写出来的。光写废的纸摞一起就得有半米多高。”哈尔滨工业大学电子工程技术研究所副所长杨强说。

新体制雷达涉及信号发射、接收、信息提取等各个环节，每一处刘永坦都要求大家必须实现理论技术的创新，在实践中获得检验。所以，团队成员们都称这项研究是“打铁”的活，反复锤炼成千上万次才可以通过。

凭着这股劲头，刘永坦带着团队从零起步，系统突破基础理论问题，创建了新体制探测理论体系，实现了海防预警科技的重大原始创新。

科学研究要真正为国家所用

9月的山东威海，海风拂面，海边排列整齐的天线阵，是我国对海新体制雷达的主要结构，它可以远距离探测海上目标的位置和方向。

从理论突破到实际应用，刘永坦和他的科研团队用了22年。“科研成果不为国家所用，就像一把没有开刃的宝剑，中看却不中用，这对国家来说是一种巨大的浪费和损失。”他常和团队成员这样说。

1989年，刘永坦带领科研团队在山东威海建立了我国第一个新体制雷达站。“在设备调试初期，发射机、接收机等模拟信号系统杂散干扰太多、背景噪声过大、设备工作不稳定，问题需要一个个去解决。控制、跟踪系统和信号处理系统时常死机，需要耐心调试。要从几十万行的大型控制程序中找出问题的症结，工作量巨大。试验中的运行状况决定项目能否顺利转入下一阶段的研制。刘老师带着我们工作起来经常顾不上吃饭，饿了，吃口面包，困了，在实验室板凳拼成的床上睡会……”哈尔滨工业大学（威海）电子所所长于长军难忘一起战斗的岁月。

功夫不负有心人。1990年4月3日，当新体制雷达技术终于使目标出现在屏幕上时，团队所有成员激动得泪流满面。“我们决定出去吃顿好的，庆祝一下，当时雷达站周围特别荒凉，大家步行了近一个小时，才找到一家小饭馆。”于长军说。

因在“新体制雷达与系统试验”中取得的重大突破，1991年刘永坦获得国家科技进步奖一等奖，于当年当选中国科学院院士；1994年当选中国工程院首届院士。

获奖后的刘永坦并没有“见好就收”，他有更大的目标：让新体制雷达走出实验室，应用于海洋，成为国家海防重器。随后10余年里，刘永坦带领团队从试验场转战到应用场，开始了更为艰辛的探索。设计——试验——失败——总结——调整——再试验……历经上千次实验和多次重大改进，他们攻克了一个个技术难题。

2011 年，我国具有全天时、全天候、远距离探测能力的新体制雷达研制成功，与国际最先进的同类雷达相比，系统规模更小、作用距离更远、精度更高、造价更低，核心技术处于国际领先地位，标志着我国对海远距离探测技术取得重大突破，我国成为极少数掌握远距离实装雷达研制技术的国家之一。

荣誉属于所有爱国奉献的知识分子

熟悉刘永坦院士的人都了解，他为人低调，把荣誉看得极淡："我头上的光环都是党、国家和人民给的，取得的成绩都是学校和团队共同努力的结果，如今获得的荣誉不仅属于我个人，更属于这个伟大时代所有爱国奉献的知识分子。"

无论获得什么荣誉和头衔，刘永坦最看重的还是"教师"这一身份。从教 60 余年，他一直致力于电子工程领域的教学工作，在新体制雷达攻关工作最繁忙的时期，仍然给本科生和研究生讲课。

刘永坦重视团队建设和人才培养。"我们团队的特点就是不服输，绝不向外面的封锁低头，不怕别人卡我们脖子，往前走，自主创新。"谈及团队，他一脸骄傲。

"对科学研究负责，对国家使命负责，让团队始终在高压中倒逼学习、险中生智。用刘永坦先生的话讲，'一定要把实验室里的成果变成真正的应用'。这也成为哈工大很多科研团队的共同追求。"哈尔滨工业大学电子工程系主任李杨说。

在刘永坦的凝聚和引领下，科研团队由最初的 6 人发展到几十人，成为新体制雷达领域老中青齐全的人才梯队，建立起一支专注海防科技创新的“雷达铁军”。

2020年8月3日，他把2018年度获得国家最高科学技术奖的800万元奖金全部捐出，设立永瑞基金，用于学校人才培养。“我们这个岁数，所求不多。事业需要接班人，未来还得靠年轻人。”刘永坦说。

1986年刘永坦向哈工大党委书记吴林（前排右一）、校长杨士勤（前排右二）进行成果汇报

面向国家未来远海战略需求，耄耋之年的刘永坦依然活跃在教学科研一线，继续带领团队规划实施对海远程探测体系化研究，逐步开展分布式、小型化等前瞻技术的自主创新。“‘向海而兴、背海而衰’。历史一再警示我们，没有强大的海防，就没有稳固的国家安全。核心技术买不来、求不来，必须靠我们的智慧和奋斗拼出来、干出来！党和人民的需要是最强大的动力，只要国家需要，我们就一定要干好。”

短评

将“家国”二字融入血液

家国情怀，是中国知识分子的精神底色。这一点，在刘永坦身上体现得淋漓尽致。

他把国家需要看得很重。作为一名科研人员，他带领科研团队从零起步、自主创新，40 年初心不改、使命必达，硬是把“冷板凳”坐热，为中国筑起了一道“海防长城”。

他把个人荣誉看得很轻。两院院士加身，多次获得国家科技奖项和各类荣誉，但在他的内心，自己就是一名普通教师，从教 60 余年，依然活跃在教学工作第一线，即便在新体制雷达攻关工作最繁忙的时期，仍坚持给本科生和研究生讲课。

孰为轻，孰为重，在刘永坦心里有一个简单的衡量标准。在每一次人生抉择的关口，他秉持中国知识分子的责任与忠诚，以是否有利于国家、是否有利于民族为出发点。正是出于这样的朴素想法与基本认知，他带领科研团队，打造了一支响当当的“雷达铁军”，为祖国的海防贡献力量。

习近平总书记说：“我国知识分子历来有浓厚的家国情怀，有强烈的社会责任感，重道义、勇担当。”刘永坦无疑是其中的杰出代表，他身上所折射出的铁肩担当与科学精神将一直激励着后来者。而一代又一代知识分子，正是在像刘永坦一样的前辈的指引与感召下，成为改革开放与国家建设的中流砥柱。

当今世界百年未有之大变局加速演进，科技创新成为国际战略博弈的主要战场，围绕科技制高点的竞争空前激烈。我们需要更多像刘永坦一样的科技工作者，将“家国”两字融入血液，奔着最紧急、最紧迫的问题去，从国家急迫需要和长远需求出发，创造出更多让人民激扬振奋、让世界刮目相看的中国奇迹。

《光明日报》2021 年 9 月 29 日

“情怀与理想才是最重要的”

陈海波

刘永坦，1936 年 12 月生，江苏南京人，1953 年至 1958 年先后就读于哈尔滨工业大学电机系、清华大学无线电系，现为哈尔滨工业大学教授，中国科学院院士，中国工程院院士。刘永坦院士致力于我国海防科技事业 40 年，成功研制了我国第一部对海探测的新体制雷达，实现了我国对海探测能力的跨越式发展，是我国对海探测新体制雷达理论奠基人，对海远程探测技术跨越发展的引领者。

掌声，雷鸣般的掌声；目光，无数人的目光。人民大会堂，2018 年度国家科技奖励大会的现场。

年过八旬的刘永坦对这样的舞台并不陌生，他曾在 1991 年和 2015 年两获国家科技进步奖一等奖。不过，当站上 2018 年度国家最高科学技术奖的舞台，成为全场焦点时，观众对他却是陌生的。当他们第一次听到这个名字时，心里不禁疑惑：谁是刘永坦?

没有多少人知道他，过去 40 年，他的周围始终是宁静的。

“外国都没人做过，你可以？”

谁是刘永坦？寻找答案，先从一个选择开始。

1981 年，45 岁的刘永坦决定重新出发。他给自己选择了一条艰难的路——开创中国的新体制雷达之路。作出这个决定，刘永坦并未感到一丝艰难。

此前，刘永坦已经在哈尔滨工业大学研究雷达与信息处理技术多年。1979 年，刘永坦到英国进修。在那儿，他独自完成了具有国际先进水平的信号处理机研制工作，被合作教授谢尔曼评价为“一个最有实用价值、工程上很完善的设备”，称其“贡献是具有独创性的”。这段经历给了刘永坦很大的启发，让他对雷达有了新的认识。

俗称“千里眼”的雷达，在航天、航海、渔业、沿海石油开发、海洋气候预报、海岸经济区发展等领域都有着重要作用。但在对海探测上，传统雷达其实有愧于该称号，许多东西“看”不到。当时，国内对雷达的认识大都停留在微波雷达的阶段。微波是直线传播，所以微波雷达“站得高才能看得远”。为了看得远，雷达一般架在海岸山

对海新体制雷达天线阵

上，但 1000 多米高山上的雷达，最远能看 100 公里左右的海域。另一种办法是把雷达架在船上，但桅杆再高毕竟也有限，这种方法最多只能看到 20—30 公里远。

雷达的功能原理是，发射出去无线电波，根据它的回波来分析判断目标物的特性，关键技术是信息处理。既然微波雷达只能站得高才能看得远，那是否可以避开微波，通过另外一种波，不用站得高，也能看得远？刘永坦决定抛开微波雷达，研制一种新体制的对海探测雷达，使“千里眼”练就“火眼金睛”的本领。

1981 年结束进修回到哈尔滨工业大学的刘永坦，发动身边的人与他一起干。很多人心里没底，只有刘永坦信心十足：“根据我们现在计算机发展的趋势和我们掌握的技术，只要努力，我认为完全能实现。”紧接着的一句话就不那么鼓舞人心了：“但肯定也很艰苦，因为前人没做过。”

是的，不仅国内空白，当时国外一些国家也想研制新体制雷达，但没人做到过。一切都是零，没有先例可循。这意味着研究风险很大，可能要干很长一段时间，甚至是一辈子，而且还不一定能干得成。

刘永坦一个一个地找人谈，最终组成了 6 个人的攻关团队，但这并未打消别人的质疑：这个雷达能行吗？能解决别的雷达解决不了的问题吗？申请课题时，有人问：这个美国有没有做过？英国有没有做过？一些专家友好地劝刘永坦放弃：“外国都没有人做过，你认为凭自己的理论就可以？”

这种艰难困阻在刘永坦的意料之中，他泰然处之，继续“往前拱”。他相信科学，相信自己的判断，相信计算机技术的发展及其对信号处理技术的推动，能带来雷达技术的进步。他相信这件事一定能干成！

刘永坦将此称为“信念”，一种对科学的坚守。“如果理论上可行，我就一定要往前拱，如果理论上不行，往前拱也没用啊。”

“有很多事可以做，为什么一定要做这个？”

科学是一回事，但让人认识科学背后的意义，是另一回事。哈工大的许多同事认为，刘永坦及其团队完全有更好的选择，可以从事更容易获得成功的研究，或者就像当时不少技术人员一样，“下海”赚钱。对于这个看起来“希望渺茫”的新体制雷达，他们惋惜地表示：有很多事可以做，为什么一定要做这个？

刘永坦也这样问过自己。答案是另一个信念：“如果别人做出来了，我们再跟着做，国防安全会受到影响。”

“王师北定中原日，家祭无忘告乃翁”“三十功名尘与土，八千里路云和月”……在接受记者采访时，刘永坦朗诵起了古诗词。这些诗词以及儿时颠沛流离的遭遇，构成了他对祖国的最初认识。

1936 年，刘永坦出生于南京一个书香门第之家。出生不到一年，就随家人开始逃难生涯。从南京到武汉，再到宜昌，最后到重庆，又从重庆回到南京……“那种苦深深印在脑袋里”。这是少年刘永坦对国难的最初印象，这种印象在父母的言传身教下，更加强烈。母亲在刘永坦很小时就教他背诵古诗词，比如陆游的《示儿》、岳飞的《满江红》，在他胸中激起一股热浪，“从小对国家兴亡感受深刻”。“永坦”二字，是家人对他本人以及国家命运的美好祝愿。

所以，当准备干一番事业的刘永坦看到我们的海域处于无法有效监控的处境时，他难以自抑。这时，他坚守的信念里，不仅有科学，还有“家国”二字。

我国有近 300 万平方公里海洋面积，但当时能有效监测的不到 20%。“大部分看不到、管辖不到，别人进入我们的海域，比如到岛礁捕鱼、勘探石油、建立钻井平台等，或者敌方目标进来，我们都不知道。”刘永坦说，如何能看得远、如何把我们的海域全都保护起来，这是国家的需求。

所以，当身边人提起“下海”，刘永坦不以为然：“你的情怀、你的理想才是最重要的。”

为了争取国家支持，刘永坦团队一年里有 200 多天都在往北京跑，向相关部门“宣讲”新体制雷达的作用以及可行性。“当时航天工业部有领导说，你们哈工大的人很特别，拉开门就往里进。”刘永坦团队成员、哈尔滨工业大学原副校长李绍滨回忆。他们的坚持得到了回馈，新体制雷达的研制最终获得了原航天工业部等部门的支持。

“创意思维是需要的，但更重要的是做实”

当然，要把事情做成，仅靠信念是不行的。正如刘永坦常对学生所说的，天马行空的创意思维是需要的，但更重要的是如何做实、落实。

新体制雷达很难，难点在于抗干扰。刘永坦要做的新体制雷达，摒弃直线传播的微波，选择一种可以绕着走、可以拐弯的表面波，这种波沿着海平面传播，但带来一个新问题——杂波干扰太厉害。这些来自海浪、无线电、电离层的干扰，其信号强度比要探测的目标强 100 万倍以上。“这要求我们发射出去的信号必须非常单纯，还要有很好的信号处理技术，能把微弱的反射信号从杂波中提取出来，形成我们需要的参数，比如速度、距离等。”刘永坦说。

他们在荒无人烟的试验现场埋头苦干。这确实是一项充满未知的研究，不仅前途未知，而且工作本身也不可让人知。这是一场从零起步的持久战，不知胜负与“停战”日期的持久战。经过 800 多个日夜、数千次实验以及数万个测试数据的获取，他们系统地突破了海杂波背景目标检测、远距离探测信号及系统模型设计等基础理论，创建了完备的新体制理论体系，并于1989年建成了中国第一个新体制雷达站，成功研制出我国第一部对海新体制实验雷达。

1990年4月3日，刘永坦团队首次完成了我国对海面舰船目标的远距离探测实验，标志着新体制雷达技术实现了我国对海探测技术的重大突破。此时，刘永坦团队从当初的6人攻关课题组发展成了几十人的研究所。

“这个事情没完，还得往前走！”

1991年，新体制雷达研究成果荣获国家科技进步奖一等奖。刘永坦实现了当初的宏愿，也获得了至高的荣誉。很多人认为他可以停下来歇歇了：“你们干到这个份上已经足够了。”

“这个事情没完，还得往前走！”刘永坦很坚决，他要让雷达更加实用。刘永坦不仅往前走，还要拉上更多人一块儿往前走。他认为，要使雷达更加实用，不能光靠自己干，还要联合国内的有生力量、优势力量。

又是一个10年。2011年，他们成功研制出我国具有全天时、全天候、远距离探测能力的新体制雷达，与国际最先进的同类雷达相比，系统规模更小、作用距离更远、精度更高、造价更低，总体性能达到国际先进水平，核心技术处于国际领先地位，标志着我国对海远距离探测技术的一项重大突破。2015年，团队再次获得国家科技进步奖一等奖。

刘永坦为自己的团队感到自豪。“我们团队的特点就是不服输，绝不向外面的封锁低头，不怕别人卡我们脖子，往前走，自主创新。”这个团队被人称为“雷达铁军”。

及至此次获得最高奖，刘永坦自言“盛名之下，其实难副”，“这是团队的力量，不是我一个人的”。他要求以此自警，告诫自己，也告诫所有人：“人家不会把关键技术给你。也许现在还有距离，但只要我们往前走，就一定行。”

当然，刚过完 82 岁生日不久的刘永坦还是“没完”，持久战还未“停战”。他还想要新体制雷达小型化，更加广泛实用。“不是功成名就就拉倒了，技术还要不断创新、进步。”李绍滨这样形容刘永坦。

刘永坦曾用猎豹如何追逐野兽，教学生怎么追踪目标信号。某种程度上，他自己就是一头猎豹：敏锐的目光，不歇的脚步，坚韧的品质，以及对家园领土神圣不可侵犯的守护之心。

这就是刘永坦，信念里藏着科学与家国，藏着理想与情怀。他守着信念，跟一切困难“没完”。

《光明日报》2019 年 1 月 9 日

筑牢“海防长城”守护万里海疆

李丽云

“‘永坦班’作为当时唯一一个以院士命名的哈工大特色班，深深地吸引了我。让我们在大一就能接触到研究生科研课题，可以选择学科带头老师作为我们的学业导师，可以享有‘一生一策’个性化培养方案。”哈尔滨工业大学（以下简称“哈工大”）2021级“永坦班”班长干志宏告诉记者，令他们感触最深的是“坦先生”的告诫——学习要注重基础，科研要坐得住“冷板凳”，要肯吃苦、肯下苦功夫，要为国解忧、为国排难、为国尽责。

干志宏提到的“坦先生”，就是中国科学院院士、中国工程院院士刘永坦，也是“永坦班”班主任、哈工大教授。刘永坦是我国著名雷达与信号处理技术专家，我国对海探测新体制雷达理论和技术奠基人，1991年和2015年两次获得国家科技进步奖一等奖，荣获2018年度国家最高科学技术奖，2021年被授予“时代楷模”称号。

在我国绵延万里的海岸线上，雷达是海防“千里眼”，是捍卫疆土的国防重器。而在这“千里眼”背后，是刘永坦一生只做一件事的执着，是40余年的孜孜不倦和上下求索。在科技报国的漫漫征程上，他带领团队历尽艰辛，成功研制出我国第一部对海探测新体制雷达，优化了我国对海探测领域的前瞻布局，打造了一支“雷达铁军”，为祖国万里海疆筑起一道“海防长城”。

从零起步 创建我国第一个新体制雷达站

刘永坦生于20世纪30年代，1979年作为国家外派留学生到英国深造。留学生涯让他对雷达有了全新认识——传统雷达虽然有“千里眼”之称，但也有“看”不到的地方，新体制雷达才能让“千里眼”练就“火眼金睛”。20世纪80年代的中国，受国家安全环境和国外技术封锁影响，急需在关键国防装备上取得技术突破。1981年秋，怀揣拳拳报国之心的刘永坦毅然回国，许下一个宏愿——开创中国新体制雷达之路。

找不到多少资料、没有相关技术可供借鉴，他率团队从零起步，伏案研究、奋笔疾书，经过10个月连续奋战，手写出一份20多万字的《新体制雷达的总体方案论证报告》。

从方案走到现实，仍是举步维艰。

在雷达调试初期，系统频频出现死机，任何一个微小的故障都可能导致整个系统无法运行。在荒无人烟、条件恶劣的雷达研制试验现场，在各项技术实践和成千上万次的反复锤炼中，刘永坦率领团队持续攻关，每天废寝忘食地工作十几个小时。

1989年，他带领团队终于建成了我国第一个新体制雷达站，对海探测距离达到令人振奋的量级，创建了新体制雷达探测理论体系，实现海防预警技术重大原始创新。1991年，新体制雷达研究成果获国家科技进步奖一等奖。

稳扎稳打 研制首部新体制远距离实装雷达

面对已有科研成果和所获荣誉，已经是两院院士的刘永坦没有停下攻坚的脚步。为打造“国之重器”，他组建了一支以哈工大为总体单位，与中国航天科工集团、中国电子科技集团等优势单位联合攻关的“国家队”，转战到更恶劣更艰苦的环境中，夙兴夜寐、日晒雨淋，在海岸线的大山里一干就是20多年，历经上千次实验和多次重大改进，在国际上提出了一系列首创方法，全面破解了海空多类型目标兼容探测难题，实现海空多类型目标高概率、高稳定同时探测，成功研制出我国首部新体制远距离实装雷达，使我国成为极少数掌握远距离实装雷达研制技术的国家之一。

新体制雷达具备全天时、全天候、远距离海空立体探测能力，让我国海域可监控预警范围大幅提升，打造了捍卫我国疆土的国防重器。

精育良才 培养出一支雷达科研“铁军”

刘永坦坚持为党育人、为国育才，始终把报效祖国放在第一位。从教60年来，他一直致力于电子工程领域的教育工作，主编的《无线电制导技术》一书成为全国统编教材，出版的专著《雷达成像技术》获得多个奖项。

作为学科领军人物，他把新理论、新技术带进课堂，把学生带到国防科研一线，“真刀实枪”锤炼团队，搭建了新体制雷达领域老中青齐全的人才梯队，建立起一支雷达科研“铁军”，学生中涌现出了将军、院士、大学校长等一大批国之栋梁。

2020年8月3日，刘永坦将800万元国家最高科学技术奖奖金全部捐给哈工大，设立永瑞基金，助力学校培养更多杰出人才。刘永坦说："作为一名普通教师和科技工作者，荣获国家最高科学技术奖，这份殊荣不单属于我个人，更属于我的团队，属于这个伟大时代所有爱国奉献的知识分子。"

2021 年 9 月，以刘永坦名字命名的"永坦班"迎来第一批 27 名 00 后本科新生。虽已 85 岁高龄，刘永坦仍亲自担任班主任，向学生言传身教家国情怀和科学精神，激励青年学子投身国防和科研事业。

《科技日报》2022 年 6 月 29 日

专注一生为祖国筑牢“海防长城”

李丽云

“刘永坦院士是我国雷达与信号处理技术专家，是中国对海探测新体制雷达理论和体系的开创者，是中国对海远程预警技术跨越发展的引领者。他带领团队40年自力更生，实现了国家海防预警科技的重大原始创新，培育凝聚了一支掌握海防科技主动权的战略创新力量，研制了我国唯一具有全天时、全天候、远距离、海空兼容探测能力的预警装备，铸就了捍卫国家领土主权的海防重器，极大拓展了我国的海防战略纵深。”

在质疑中开启新体制雷达研发征途

20世纪50年代，刘永坦考入哈工大；1979年，作为我国改革开放后第一批迈出国门的学者，刘永坦到英国进修，从此与他一生钟情的新体制雷达事业结缘。

国外学习让刘永坦认识到传统雷达虽然有“千里眼”之称，但也有“看”不到的地方。世界上少数发达国家开始新体制雷达的研究，就是要让“千里眼”练就“火眼金睛”。

“中国必须发展这样的新体制雷达！这就是我要做的！”带着这一宏愿，留学归来，刘永坦满腔赤诚为新体制雷达立项四处游说。

当时，“新体制雷达”还只是个概念，很多人不信。“美国做出来了吗？英国做出来了吗？”这是刘永坦被追问最多的问题。很多人认为刘永坦的“雷达故事”听上去很美好，但希望很渺茫。好心人劝他，大的研究院所尚且不具备这样的条件和能力，更别说大学了；这样的研究风险太大、周期太长，很可能把时间和精力都搭进去了却一事无成……

苦心人，天不负。1983 年夏，原航天工业部科技委员会召开整整 4 天的方案评审会，一致通过了刘永坦耗时 10 个月撰写的 20 多万字的《新体制雷达的总体方案论证报告》，从此开启了一场填补国内空白、从零起步具有开拓性的攻坚战。经过 800 多个日日夜夜的努力、数千次实验、数万个测试数据的获取，刘永坦主持的航天部预研项目“新体制雷达关键技术及方案论证”获得丰硕成果，在新体制理论体系和关键技术上取得重大突破。

完成预研，刘永坦认为仅仅“纸上谈兵”还不够，需要进一步建立有实际意义的雷达实验站，用于理论和关键技术的验证。

此后的岁月，刘永坦和他的团队都是在雷达研制试验现场度过。试验现场荒无人烟、条件恶劣，但他们一干就是几个月。据刘永坦爱人回忆，那时刘永坦差不多每年有 200 多天在外出差。

有志者，事竟成。1989 年刘永坦团队建成了中国第一个新体制雷达站，成功研制出我国第一部对海新体制实验雷达。1990 年首次完成我国对海面舰船目标的远距离探测实验，取得重大突破，研究成果达到国际先进水平。1991 年，该项目荣获国家科技进步奖一等奖。

为实现成果真正应用再次逆流研发

研究成果获得国家科技进步奖一等奖，有人劝说他见好就收，但刘永坦没有停下。“一定要把实验室里的成果变成真正的应用。否则好成果就像是一把没有开刃的宝剑，中看却不中用，这对国家来说是一种巨大的浪费和损失。”

刘永坦深知，科研活动不可能靠几个人去单打独斗，要联合国内优势科研力量组建一个更大的团队，走产学研结合之路。1997 年，新体制雷达被批准正式立项，哈工大作为总体单位承担研制工作，当时，这在国内高校尚属首次。

历经 10 余年艰辛努力和刻苦攻关，刘永坦和他的团队又一次圆满完成任务。2011 年成功研制出我国具有全天时、全天候、远距离探测能力的新体制雷达，总体性能达到国际先进水平，核心技术处于国际

2017 年刘永坦在办公室

领先地位，标志着我国对海远距离探测技术的一项重大突破。2015 年，团队再次获得国家科技进步奖一等奖。

将奉献融入血脉　捐赠奖金培养人才

刘永坦院士带领“雷达铁军”四十年如一日，专注新体制雷达科研攻关，也因此获得 2018 年度国家最高科学技术奖。

刘永坦院士始终坚持国家最高科学技术奖不是他一个人的，是整个团队的、是哈工大的、是黑龙江的。获奖后，他把个人的 800 万元奖金全部捐出，设立人才培养基金。他说：“我们这个岁数，所求不多。事业需要接班人，未来还得靠年轻人。”

2021 年 9 月，27 名高分学子考入了哈工大新增设的以刘永坦院士名字命名的“永坦班”。这个全新的特色班面向未来新体制雷达探测技术与智能感知等领域，为国家着力培养和输送电子信息领域的领军人才。

在刘永坦院士精神感召下，将有更多的优秀人才加入保卫祖国万里海疆的科研攻关。

短评

心中有方向　步伐有力量

龙跃梅

习近平总书记强调，实现中国梦必须弘扬中国精神。中国精神，是以爱国主义为核心的民族精神，是以改革创新为核心的时代精神。

这种精神是凝心聚力的兴国之魂、强国之魂。

纵观刘永坦院士矢志奋斗，开创中国新体制雷达之路，正是“中国精神”的生动体现。

刘永坦院士将爱国主义置于心中崇高位置。作为改革开放后第一批出国深造的知识分子之一，他凭借扎实深厚的专业知识，获得了信任和赏识。但，这并非他所求、所安。进修一结束，刘永坦便起程回国。回国后，遇到了许多困难，但其志向不改、目标不改、情怀不改，最终实现心中的理想。

正如其所言：“能为国家的强大作贡献是我们最大的动力和使命。”有了爱国主义的“定盘星”，心中就有方向、有目标、有干劲。

刘永坦院士将创新当作永恒追求。研制新体制雷达意味着要打破常规，闯无人区，要做前人没有干、干不了的事。刘永坦带领团队，历经上千次实验和多次重大改进，突破多项关键技术，建成了中国第一个新体制雷达站，核心技术处于国际领先地位。有了创新的“指南针”，刘永坦院士迈出坚定的步伐，用攻坚克难的力量，勇攀科技高峰。

在实现高水平科技自立自强的进程中，刘永坦院士所体现出来的“中国精神”，是一种催人奋进的使命担当，让我们心中有方向、步伐有力量。

《科技日报》2021 年 9 月 28 日

打造“国之重器”守护万里海疆

韩　荣

在我国绵延万里的海岸线上，有这样一只“千里眼”，它可以远距离探测海上目标的位置和方向，实现全天时、全天候、远距离海空立体探测，是捍卫我国疆土的国防重器。

而在“千里眼”背后，有一个执着于雷达研究、一干就是一辈子的老人，他就是中国科学院院士、中国工程院院士、哈尔滨工业大学教授刘永坦，成功研制了我国第一部对海探测新体制雷达，2018 年荣获国家最高科学技术奖。

1936 年，刘永坦出生在江苏南京。长大后，怀着投身祖国工业化的决心，刘永坦进入哈尔滨工业大学，开始接触无线电技术。1979 年，成绩优异的刘永坦被国家外派到英国深造，成为我国改革开放后第一批出国深造的知识分子之一。

“我是一名中国人，我的成功与否代表着中国新一代知识分子的形象。”踏出国门的那一刻，刘永坦发誓要做出一番名堂。在英国学习期间，他严格要求自己，铆足劲儿去学。

就这样，刘永坦凭借着扎实深厚的专业知识和刻苦钻研的精神，获得了雷达技术知名专家、伯明翰大学教授谢尔曼的信赖和赏识，并

1991 年刘永坦（左）与刚毕业的博士生乔晓林在光华奖颁奖后合影

参与重大科研项目“民用海态遥感信号处理机”的研制工作。

看到国外先进的研究成果，刘永坦心里不是滋味，默默许下宏愿：“传统雷达虽然有‘千里眼’之称，但也有‘看’不到的地方。雷达能看多远，国防安全就可以保多远。别的国家已经在研制新体制雷达，中国也决不能落下。”

1981 年，刘永坦在进修结束后立即启程回国，开启了研制新体制雷达的生涯。

当时，在我国的雷达研究领域，除了基本理论和思路外，刘永坦根本找不到多少资料，更没有相关的技术可供借鉴。刘永坦根据当时世界上雷达的最新技术信息，采用独特的信号与数字处理技术苦心研究。1983 年，刘永坦交出了一份 20 多万字的《新体制雷达的总体方案论证报告》，在理论上论证了研制新体制雷达的可能性。

有了方案只是第一步，更难的是如何把方案变为现实。

刘永坦要做的新体制雷达，摒弃了直线传播的微波，选择一种可以绕着走、可以拐弯的表面波，这种波沿着海平面传播，可以大幅提升海域可监控预警范围。

新的研究也带来一个新问题——杂波干扰严重。

这些来自海浪、无线电、电离层的干扰，其信号强度远比要探测的目标强 100 万倍以上。“这要求我们发射出去的信号纯度非常高，还要有很好的信号处理技术，能把微弱的反射信号从杂波中提取出来，形成我们需要的参数，比如速度、距离等。”刘永坦说。

雷达调试初期，系统死机是常事，任何一个微小的故障都可能导致整个系统无法运行。

作为主帅，刘永坦承担着繁重的工作。他每天工作十几个小时，常常赶不上吃饭就用面包充饥，困了就倒在实验室的板凳上凑合睡一觉……超负荷的脑力和体力劳动，让刘永坦落下了腰椎间盘突出的毛病，严重时曾几个月不能行走。

1989 年，他和团队终于建成了我国第一个新体制雷达站。

但刘永坦不满足于此，又带着团队成员提高雷达性能，转战到更恶劣、更艰苦的环境中，一干就是 20 多年。历经上千次实验和多次重大改进，刘永坦团队在国际上提出一系列首创方法，全面破解了海空多类型目标兼容探测难题，成功研制出我国首部新体制远距离实装雷达，使我国成为极少数掌握远距离实装雷达研制技术的国家之一。

刘永坦说，与国际同类雷达相比，我国的新体制雷达系统规模更小、作用距离更远、精度更高、造价更低，让我国海域可监控预警范围大幅拓宽。

从提出设想，到研制出新式海防重器，刘永坦带领团队扎根边疆 40 年。在很多人眼中，刘永坦不仅是成就卓著的科学家，更是心系年轻一代的优秀教师。

从教 60 年来，刘永坦一直致力于电子工程的教学与研究工作，先后讲授过 10 多门课程。有两年，他给本科生和研究生连续讲授 4 门课，近 300 学时。作为学科的领军人物，刘永坦把新理论、新技术带进课堂，同时把学生带到国防科研一线，“真刀实枪”地锤炼团队。

刘永坦常对学生说：“希望还能补充更新鲜的血液，党和国家的事业需要你们。”

40 年来，刘永坦的团队从最初的 6 人发展到 30 多人，成为新体制雷达领域老中青齐全的人才梯队，建立起一支“雷达铁军”，为国家培育了一大批栋梁之材。

哈尔滨工业大学刘永坦院士先进事迹报告团一名成员说：“刘永坦院士常常对团队成员说，科研不是简单地写论文、发文章，而是实实在在做出一个真正能用的东西。刘永坦先生这种家国情怀、创新魄力和奋斗精神深深地感染着团队的每个人。”

2020 年 8 月 3 日，刘永坦将国家最高科学技术奖 800 万元奖金全部捐给哈尔滨工业大学，设立永瑞基金，旨在聚焦国防电子工程领域，助力学校培养更多杰出人才，打造更多国之重器。

“作为一名普通教师和科技工作者，荣获国家最高科学技术奖，这份殊荣不单属于我个人，更属于我们团队，属于这个伟大时代所有爱国奉献的知识分子。”刘永坦说，“我们这个岁数，所求不多。未来还得靠年轻人。”

《中国青年报》2021 年 9 月 29 日

开辟一条永恒的坦途

李晨阳

2021 年 9 月 29 日，中国科学院与中国工程院两院院士、哈尔滨工业大学教授刘永坦被授予“时代楷模”称号。

2019 年，刘永坦登上了国家最高科学技术奖的领奖台。仅仅一年后，他便将 800 万元奖金悉数捐给哈尔滨工业大学，设立永瑞基金，聚焦国防电子工程领域，旨在培养更多杰出人才，打造更多国之重器。

刘永坦倾尽一生，为国家筑就了一道“海防长城”，凝聚了一支“雷达铁军”，又在自己八旬高龄时，通过设立基金，传承薪火，鼓励更多年轻人踏上这条艰辛而光荣的道路。

打开“千里眼” 筑造“新长城”

中国有着 1.8 万多公里的海岸线、12 海里的领海权和 200 海里的专属经济区。这是殊为宝贵的财富，也是必须捍卫的前线。

从 1840 年到 1940 年的 100 年间，西方列强和其他国家从海上入侵我国达 479 次，入侵舰船达 1860 多艘次……

没有强大的海防，就没有稳固的国家安全。如何给我国的海疆装上“千里眼”，做到料敌机先、有备无患？如何为万里海岸线筑就“新长城”，保家卫国、坚不可摧？

这是刘永坦用一生回答的问题。而他历经数十年的筚路蓝缕、艰苦奋斗，最终交上了一份辉煌的答卷。

一次次冲破国外技术封锁，一次次突破国内科技瓶颈，开辟了我国新体制雷达之路，造出全天时、全天候、具备远距离探测能力的对海探测新体制雷达，总体性能达到国际先进水平，核心技术处于国际领先地位。我国也由此成为极少数掌握远距离实装雷达研制技术的国家之一。

彻底打破地球曲率限制，让原先看不到的飞机、舰船，甚至超低空飞行的隐身战机，都在我国的对海探测新体制雷达前无处遁形。

如此壮举、如此功勋，刘永坦和他的团队是怎么做到的呢？

起航再起航　前进再前进

1981 年，刘永坦从英国学成归来，带回了研制新体制雷达的视野和决心。

次年初春，他赶赴北京，向当时航天工业部预研部门的领导汇报了国际上新体制雷达的前沿动向，提出了发展中国新体制雷达的构想。

在此之前，中国对新体制雷达进行过突击性的会战攻关，但由于技术封锁、难度过大，迟迟难以破局。

这一次，刘永坦等人拿出了 20 多万字的总体方案论证。

在部门和领导的支持下，他们在哈尔滨工业大学组建了课题组。1986 年，课题组就完成了“某些单项技术已经进入国际国内先进行列”的关键技术攻关。

但刘永坦心里清楚，这离实际应用还有相当大的差距，他果断提出，建立雷达站，把这些关键技术真正用起来。在航天工业部和哈尔滨工业大学的共同支持下，他们于 1989 年在威海建立了中国第一个新体制雷达站。

1990 年 4 月 3 日，他们第一次在屏幕上看到了一个小小的光点。一开始，大家都没反应过来这是什么，直到刘永坦指着它说："这就是我们的目标！"

一时间，大家热泪盈眶、相拥而泣。

1991 年，该项目荣获国家科技进步奖一等奖。同年，刘永坦当选中国科学院学部委员（院士），1994 年当选中国工程院首届院士。

但他从不在功劳簿上流连，果断提出更进一步，把实验室的成果变成现实中的应用。此时团队成员刚刚经历了 8 年艰苦卓绝的工作，还没来得及喘息，但所有人都支持他的决定。

"我们想得很简单，就是非常信任刘老师的远见，也崇拜他的学识和人品。大家都相信，跟着刘老师干不会错。"一位团队骨干说。

1997 年，新体制雷达被批准正式立项，哈工大作为总体单位承担研制工作。当时刘永坦的团队只有二十几个人，面对的却是一系列制约新体制雷达性能的国际难题。他们再一次攻坚克难，成功研制出我国全天时、全天候、具有远距离探测能力的新体制雷达，实现了国家海防预警科技的重大原始创新。

走出一条光明坦途

刘永坦出生在 1936 年的南京，第二年就发生了惨绝人寰的大屠杀。他们一家也从此过着颠沛流离的生活。

烽火连天，乱世浮沉，故土沦陷，血染山河——这一切深深刻在

1991 年刘永坦与家人在哈工大家中

刘永坦幼时的人生经历里。

“永坦”这个名字，既是父母对孩子一生平安顺遂的祝福，也包含着对国泰民安、海晏河清的祈愿。

“我们怎么才能使国家强大呢？那就是每个人都要努力去做。”刘永坦曾经这样说。

他的人生故事，既伟大又简单：不过是选择了一个利国利民的目标，然后坚定不移地走下去，最终走出了一条光明的坦途。

2020 年 8 月 3 日，他和妻子冯秉瑞教授相互搀扶着走进哈尔滨工业大学行政楼，将国家最高科学技术奖 800 万元奖金全部捐出，设立以夫妻二人名字命名的永瑞基金。

刘永坦表示，希望基金能为学校未来的发展建设贡献一份力量，助力哈尔滨工业大学在新百年的新征程中，培养更多杰出人才，创造更多重大科技创新成果。

数十载披荆斩棘、数十载呕心沥血，他和同事们开辟的这条科学坦途，还将永远绵延下去，被一代又一代的人，走得越来越宽敞。

《中国科学报》2021 年 9 月 30 日

刘永坦：为祖国万里海疆筑牢“海上长城”

赵一诺

举目远眺浩瀚无际的大海，他胸中总有一股激情在澎湃。他以一生只做一件事的执着，优化了我国对海探测领域的前瞻布局，打造了一支“雷达铁军”，为祖国万里海疆修筑了一道看不见的“海上长城”。他，就是著名雷达与信号处理技术专家、我国对海探测新体制雷达理论和技术的奠基人、中国科学院院士、中国工程院院士、哈尔滨工业大学教授刘永坦。

近年来，刘永坦先后获得国家最高科学技术奖和“全国优秀共产党员”“时代楷模”等荣誉称号。

奋进之志　驰而不息
一片丹心打造千里慧眼

雷达是海防“千里眼”，而直线传播的传统雷达无法看到地平线以下的目标，只有新体制雷达能够探测到目力所不及的地方，是海防线上决胜千里之外的“火眼金睛”。20 世纪 80 年代初，我国的这一国防重大需求领域尚属空白。1981 年 10 月，哈尔滨工业大学副教授、刚刚完成海外进修的刘永坦怀揣拳拳报国之心，走上了中国新体制雷达的探索之路。

1982 年秋，刘永坦历尽艰辛争取到新体制雷达的国家立项。随后，他带领 6 人团队伏案研究、奋笔疾书，反复修改的稿纸摞起来有半米多高，“喝光”的墨水瓶更是不计其数。经过 10 个月的连续奋战，刘永坦团队手写出了 20 余万字、近 700 页的《新体制雷达的总体方案论证报告》。论证报告通过后，他带着团队再次扑在案头，钻进实验室，经过 800 多个日夜的努力、数千次的实验、数万个测试数据的获取，终于在 1986 年创建了完备的新体制雷达理论体系，构成了海防预警科技的重大原创成果。

在项目集中攻关的关键时刻，一心向党的刘永坦红心不忘、初心不移，于 1983 年 10 月光荣地成为一名中国共产党党员。自此，他以更大的热忱投入工作，将自己的理想同祖国的前途、民族的命运紧密联系在一起，以为国分忧、为党尽责为志，鞠躬尽瘁、不懈奋斗。

原理行得通，不等于实际可行。新体制雷达的理论是全新的，要想验证它，在世界上根本找不到可以借鉴的实验系统，同样需要全新的自主设计。为此，刘永坦带领团队经过成千上万次的反复锤炼，最终使得新式天线、全新信号处理机、低相噪发射机等一系列“独一份”实验设备“横空出世”。1988 年，在国家的大力支持下，中国第一个新体制雷达实验站在威海动工，1989 年年底初步建成。然而，对

1988 年刘永坦（左二）和教研室年轻教师在研究课题

于53岁的刘永坦来说，雷达站的建成只是攻坚战的起点，捕捉目标回波才是决定胜利的一场“硬仗”。

时间定格在1990年4月3日，海滩上的雷达天线阵迎风矗立，当一个小小的红色圆点出现在显示屏上时，大家开始记录数据、核对信息、小声交谈或者大声惊呼……目标确认！那一刻的喜极而泣是期盼太久的喜悦，从立项到成功，足足经历了8年的艰辛奋斗，而奋斗的硕果，便是我国新体制雷达实验系统首次实现目标探测！这次成功，标志着我国新体制雷达技术达到国际先进水平，这一成果也于1991年荣获国家科技进步奖一等奖。

在科学报国的漫漫征程上，刘永坦没有片刻停歇。他深知，国防科研成果只有变成保家卫国的利剑才有意义。“这个事情没完，还得往前走！”刘永坦很坚决——要为国家研制出一套能真正布置在国防海防线上的装备工程体系！于是，他带领团队再次“移师转战”，这一干，又是20多个春秋……

2011年，刘永坦和团队成功研制出我国首部全天时、全天候、远距离、海空兼容的海防预警装备，这也使我国成为世界上极少数掌握远距离实装雷达研制技术的国家之一。2015年，这项成果让刘永坦再次获得国家科技进步奖一等奖。而今，已是耄耋之年的刘永坦又在带领团队朝着让“21世纪的雷达”在航海、渔业、沿海石油开发、海洋气候预报、海岸经济区发展等领域大显身手的目标进发。

创新之钥　匠心不渝
一份坚守筑牢万里海疆

静谧的海岸线上，排列着整齐的新体制雷达天线阵，这些雷达的背后，是一支掌握海防科技主动权的战略创新力量，被称为初心不改、使命必达的“雷达铁军”。从最初的 6 人到如今的 30 多人，四十年磨一剑，刘永坦正是带领着这支由老中青三代组成的“梦之队”，长期致力于对海远程探测技术的研究。

——他带领“雷达铁军”向难题冲锋。

组建大团队、开展大协作，团队成员攻关思路产生激烈碰撞是家常便饭，拍桌子的情景也时有发生。每次技术碰头会，所有人都开诚布公摆事实、讲意见、谈路径。科学问题，越辩越明；问题答案，越争越透。凭借着“不能给科研留死角”的信念，刘永坦率领团队发现一个问题就解决一个问题，遇到一个困难就克服一个困难。

抗杂波，是一个国际上公认的难题，解决不了抗干扰问题，雷达就没有生命。1991 年，在南方某地新建的大型雷达站基地里，刘永坦和团队注意到雷达回波所监控的目标淹没在了更为复杂的电离层杂波当中，难以分辨，之前在威海实验站验证成功的方法遇到了严峻挑战。于是，在数个无眠的夜晚中，刘永坦一次次分析、研判，最终发现能走的路只有一条：作大幅调整改动！随后，他带领大家一起分析杂波的来源、特性，组建若干研究小组，齐头并进、多点出击，设计——试验——失败——总结——再试验……经过成千上万次的调整，当雷达再次投入实际运行时，星星般的目标终于如愿出现在湛蓝的显示屏上，这一难题终于成功解决。

——他带领“雷达铁军”向困难抗争。

新建的雷达实验站周围一片荒芜，拨付的经费不足，发射机、接收机等模拟系统和操作系统也十分落后，团队里有人打了蔫儿，此时的刘永坦却话语铿锵：“如果没有难点，还叫什么科研！”“从我们党的整个革命经历看，我们这不是什么困难。在党组织的领导下把整个项目往前推进，是我们奋斗的动力，现在，就是对人的磨炼、对人性的磨炼，考验你能不能按初心搞到底。”

野外测试，条件恶劣，刘永坦团队一干就是几个月。生活不便，他们常常由于赶不上饭点而用面包充饥，困了就倒在实验室的板凳上凑合一觉；交通不便，他们顶风冒雨，日日单程徒步3公里往返驻地和雷达站，每到天黑路过一片坟地，就结伴打着手电相互壮胆。作为主帅，刘永坦没有任何特殊，和大家同吃一锅饭、同遭蚊子咬、同受台风吹，因为长期超负荷工作而累倒，上不了“前线”，就在病床上“运筹帷幄”，坚持和大家一起奋战。最终，在刘永坦的带领下，这支队伍不仅突破了“卡脖子”技术瓶颈，填补和解决了一个又一个理论、技术上的空白和难点，而且团队成员，特别是年轻同志思想觉悟得到极大提升，纷纷递交入党申请书，向党组织靠拢。

科研攻关，辛劳难以言表，但刘永坦和他的团队干得有劲、深感光荣。

精诚之路　弦歌不辍
一念执着引领科学风尚

1936年出生的刘永坦，生逢战乱年代，从小便对家国兴亡之理感悟颇深，幼时读史书、诵诗文，更是培养了他强烈的爱国心和求知欲。1953年，奠定我国工业化初步基础的第一个五年计划开始实施，同年，刘永坦来到被誉为“红色工程师摇篮”的哈尔滨工业大学求学。在那个火红的年代，他与同期的800多位青年师生共同秉持科学报国的信念与担当，拼搏奉献，爱国奋斗，建功立业。

改革开放后，被破格晋升为副教授的刘永坦作为首批公派留学生出国深造。他凭借过硬的外文功底、扎实的专业知识储备，在进修期间取得了具有国际先进水平的科研成果。面对外国导师的3次挽留，刘永坦一一婉拒，他说：“可以在科研成果上堂堂正正地署上‘中华人民共和国’，这种心情是何等舒畅。”

如今，数十年过去，刘永坦可谓荣誉等身。然而，无论获得什么荣誉和头衔，他最看重的，还是自己的教师身份，同学们更喜欢叫他刘老师或者“坦先生”，这也是他最喜欢的称呼。他坚信，党和国家的事业需要接班人，未来还得靠年轻人，为党育人、为国育才则是自己的光荣使命。2021 年 9 月，以他名字命名的哈尔滨工业大学“永坦班”迎来第一批 27 名 00 后本科新生。这个全新的特色班面向未来新体制雷达探测技术与智能感知等领域，为国家着力培养和输送电子信息领域的领军人才，刘永坦亲自担任班主任，感召和激励青年学子投身雷达科研事业，为祖国国防贡献力量。

已 86 岁高龄的刘永坦，鬓丝花白，目光恬淡，淡泊名利已经刻入他的人生字典。从事对海远程探测技术研究以来，陆续有不少单位向他抛出“橄榄枝”。面对高薪，他没有丝毫犹豫，而是一一谢绝，因为他始终记得年幼时父亲的叮嘱，“不管将来学什么专业，都要多为国家干点事”。在他心底，“钱对一个知识分子来说有什么意义？情怀和理想才是最重要的”。即使在 1991 年和 2015 年两获国家科技进步奖一等奖后，他依然低调从容地奋战在一线，一切如常。

甘为孺子育英才，克勤尽力细心栽。刘永坦用心擎起一盏灯火，照亮一代又一代学子以梦为马、不负韶华的成长之路。而他自己的雷达人生，亦寂寞却精彩，恬淡却壮丽。他，是扎根大地的实干家，是甘于奉献的奋斗者，也是这个时代最闪亮的“星”！

《党建》2022 年第 2 期

打造雷达铁军 筑牢万里海疆

赵一诺

“爸爸，日本人总来轰炸，我们为啥不开飞机打他们呀？”“唉，我们打不过人家啊！”

父亲的话一直铭刻在他幼小的心灵深处。

在将近 40 年的岁月里，他每一次漫步祖国的万里海疆时，心中澎湃怎样的报国热情，或许没有人能够知晓，但是，他大半生执着探索中国新体制雷达之路的坚实足迹，已彰显出一名共产党人、一个知识分子的如磐初心和使命坚守。

他就是中国科学院院士，中国工程院院士，哈尔滨工业大学教授，中国对海探测新体制雷达理论体系的奠基人——刘永坦。

“我是喝着松花江水长大的”

20 世纪 50 年代，800 多名平均年龄只有 27.5 岁的青年师生响应国家号召，从祖国的四面八方汇聚到哈工大工作、求学。这些来自各省的优秀青年教师及首届研究生、本科生经出国培训回来任教的人员，构成了哈工大第一代师资主体。而这支队伍中就有刘永坦。

采访中，刘永坦院士说："1953 年考入哈工大，在这里度过了 60 多年。我是喝着松花江水长大的，龙江人民哺育了我，哈工大使我有机会实现富国图强的朴素愿望，毕业后留校任教至今，一生致力于我国雷达事业的发展，我毫无疑问是龙江人。"

刘永坦至今还记得，高考前要报考哪所大学时，他在江苏《新华日报》上看到一篇文章：《哈工大——红色工程师的摇篮》，心里想："红色工程师的摇篮"，多么美妙而吸引人的名字！

当一名红色工程师，为新中国的建设作出更大的贡献！一颗勃勃雄心被点燃，于是，刘永坦在"志愿栏"里重重地写上了"哈尔滨工业大学"，从此把他的一生献给了这里。

1958 年，刘永坦被派往清华大学进修，之后回到哈工大参与组建无线电工程系。从那时起，他便与"雷达"结下了不解之缘。

"别的国家已经在研制新体制雷达，中国也决不能落下"

1979 年，在哈工大组建无线电工程系后，又被破格晋升为副教授的刘永坦作为国家外派留学生，到英国深造。"我是一名中国人，我的成功与否代表着中国新一代知识分子的形象。"踏出国门的一刻，他发誓要有一番作为归来。

在英国雷达技术知名专家谢尔曼导师的指导下，刘永坦参与了一项民用海态遥感信号处理机的研制项目，并独自完成了其中的信号处理机工程系统。正是这次科研，为刘永坦探索雷达技术高峰奠定了坚实的基础。

传统雷达虽然有"千里眼"之称，但也有"看"不到的地方。"雷达能看多远，国防安全就可以保多远。别的国家已经在研制新体制雷达，中国也决不能落下，这就是我要做的事。"1981 年秋，毅然回国的刘永坦带回了一个宏愿——开创中国的新体制雷达之路。

如果说，雷达是“战争的眼睛”，那么新体制雷达则是练就了“火眼金睛”的“千里眼”。

一次汇报会上，刘永坦提出，我国是一个海岸线很长的国家，但对海面进行监控的却是旧式雷达，监控范围有限。应该向国家有关部门申请，由哈工大来完成创建新体制雷达的任务，而他愿意承担这项重任！

大家看到了这位海外归来的学子的一颗拳拳之心，一份崇高的家国情怀，一种对国防事业强烈的责任心与使命感。

刘永坦后来回忆：“当时，国内技术一片空白，一切都要靠我们自己，没有退路可言，唯有咬住牙向前走。”

刻骨铭心的日子，团队所有成员都流泪了

经过几年的奋斗，新研制的雷达进入调试阶段。当时，项目资金紧张，凡是能自己动手做的，绝不出去买。调试是一项非常复杂的工作，各个环节都要一一对接，几十万行的大型控制程序，任何一个微小的故障都可能导致整个系统无法运行。刘永坦率领他的团队每天都在奋战，从系统的每一个程序开始检查，发现一个问题解决一个问题。一遍遍地磨合，上千次地试验，上千次地修改。

刘永坦在实验室调试设备

从头年的夏天，一直拼到第二年的春天，刘永坦带领他的团队足足拼了 9 个月。1990 年 4 月 3 日，这是一个刻骨铭心的日子——上午 10 点，浩瀚的海面上浓雾还没有散去，新体制雷达技术终于使目标出现在屏幕上！

团队所有的成员都流泪了……

陈芳允院士亲自去威海雷达站进行考察，对新体制雷达的试验成功给予了极高的评价。他说："这是我们中国第一台真正自主研发、有知识产权的创新雷达。新中国成立以来，我跑遍了我国所有的海岸线，用微波雷达是不可能发现远处海上舰船目标的，而这是第一次用新体制雷达看到了远处的目标！"

不久，国防科工委专家对该项科研成果作出了极高的评价。评审专家、领导一致认为：新体制雷达的研制成功，尚属国内首次，填补了我国该领域的空白，且已达到国际先进水平，必将提高我国的海防能力，对保卫我国海洋专属区的利益、国民经济的发展、海防的建设，都起到无法估量的作用！专家称刘永坦带领的团队是顽强拼搏、能打硬仗的团队，刘永坦"是位难得的帅才"。

"搞科研就是守不移之志，以成可大之功"

科研项目获得了巨大成功，但刘永坦没有躺在荣耀的光环里享受人生，而是选择了一条更加艰难的攻关之路。

他认为，新体制雷达虽然在威海站试验成功，但只是一个小实验站，还不足以为国家服务。如果不转化成有用的工程，只停留在科学试验的成果上，就像一把没有开刃的宝剑。他告诫团队成员："新体制雷达项目得到了国家的高度重视，它对国家、学校和专业都意义重大，我们压力再大，也要坚持下去。"

随后的10余年里，他带领团队进行了更为艰辛的磨炼。

从那个阴冷的冬天开始，在刚刚竣工的南方某地海边雷达站基地，刘永坦带领他的团队，从试验场转战到实际应用场，又开始了一场没有硝烟的攻坚战。由于国际上没有完备的理论，很多技术空白亟待填补，新体制雷达的“落地之旅”格外艰难。团队不仅承受着项目受挫的打击，而且还要克服恶劣的自然环境带来的影响。

由于项目时间拖得太长，补助费用光，住宿也是个难题。刘永坦带领大家在试验场附近找到废弃度假村里的一座三层小楼，年久失修，常常是外面下大雨，屋里流小溪。屋外到处是半人深的茅草。刘永坦鼓励大家：“搞科研就是守不移之志，以成可大之功，要做到风雨不动安如山！”

最可怕的还有台风。团队成员们回忆，一次台风来了，刚一打开屋门，风一下子席卷而来，人只好拼命抓住窗棂，才没有被台风刮跑。台风过后，屋里一片狼藉，团队成员都成了泥人，雷达设备却安然无恙。

“令我感到欣慰的是，在那样艰苦的条件下，奋斗那么多年，团队成员没有一个人叫苦，没有一个人计较个人得失。大家都团结一致，一心扑到创建雷达的工作上。”刘永坦动情地说起他的团队，却一句不提自己。

可大家知道，他们的刘老师比任何人都难——这位两院院士、哈工大教授，在艰苦的环境下和大家同甘共苦，同吃一锅饭、同遭蚊子咬、同抗台风袭击……而他自己还背负着各种压力：妻子一个人支撑一个家；雷达工程在初样转正样中失败；无法按合同期限向合作方交接；重新购置设备，借了800万元……

就在这样的重重压力下，团队成员克服种种苦难，努力奋战，终于在2011年成功研制出具有全天时、全天候、远距离探测能力的新体制雷达，标志着我国对海远距离探测技术的一项重大突破。2015年，这项成果获得国家科技进步奖一等奖。它不仅破解了长期以来困扰雷达发展的诸多瓶颈，更让我国成为世界上少数几个拥有该技术的国家之一。

他最可贵的精神品质到底是什么

40年执着坚守带出一支“雷达铁军”，刘永坦最可贵的精神品质到底是什么？

“咬定青山不放松，立根原在破岩中。千磨万击还坚劲，任尔东西南北风。”哈工大原党委副书记李绍滨教授说，郑板桥的这首诗，正是刘永坦院士最好的人生写照。

哈工大校长、中国科学院院士韩杰才这样评价刘永坦：围绕一个方向，聚焦一个领域，一干就是40年！不以困难为断点、不以成就为终点，这种科研精神对后辈来说是激励，更是导向！

刘永坦说，科学发展到今天，像雷达这种重大的工程项目，绝不是一个人单打独斗所能完成的，如果没有团队的力量和多方的支持，是不可能完成的。

2020年8月3日，刘永坦院士和爱人冯秉瑞教授，将国家最高科学技术奖800万元奖金全部捐出，从二人名字中各取一字，设立永瑞基金，用于哈工大电子与信息学科人才培养。

弟子们说，刘老师就像一团火，点燃了他们不负韶华的报国之心；刘老师用他纯净而崇高的心灵，唤醒了学子们心中的梦。“刘老师热爱祖国的精神品格、严谨的科学态度和高水平的专业素养深深地感染着我们，激励着我们将个人的发展融入中华民族伟大复兴的事业，做一个真正大写之人。”

《黑龙江日报》2021年9月29日

请叫我刘老师

临近教师节这几天，哈尔滨工业大学学生纷纷为老师发送祝福信息，刘永坦院士就收到了不少。这些祝福信息无论长短，都是写给刘老师的。实际上，哈工大鲜有学生称刘永坦为刘院士，他们更喜欢叫他刘老师或者“坦先生”，这也是刘永坦院士最喜欢的称呼。

两院院士、雷达与信号处理技术专家、我国对海探测新体制雷达理论与技术奠基人和引领者、国家最高科学技术奖获得者……这些常人看来的至高荣誉，却不是坦先生最看重的高帽。他最中意的还是那顶名为老师的“帽子”。“叫我老师，老师是我最看重的身份！”他常常这样说。

刘永坦从教的60年，是攀登科学高峰的60年，但更是传道授业解惑的60年。他一直用实际行动感染着同事和学生爱国奉献，是以科研促教的典范。在学生们心中，有坦先生指路，千难万难都敢闯一闯。

在科研攻关的日子里坦先生坚持在真实的科研环境中锻炼学生

说到刘永坦院士，就一定要提“雷达站”，他带领团队师生在威海

刘永坦作学术报告

荒芜的海岸边建起的雷达站，成功研制建立了我国第一部新体制远距离雷达实验系统，为中国筑起了“海防长城”。雷达站也是一个别样的教学中心。新体制雷达涉及信号发射、接收、信息提取等各个环节，每一处他都要求学生必须实现理论技术的创新，在实践中获得检验。

在培养学生的过程中，坦先生反对学生选那些华而不实、脱离国防与经济建设的“空”题目，主张真刀实枪放到真实的环境里去锻炼。他的博士研究生们的课题都来自具体科研实践，都是国家真正需要解决的实际问题。杂波问题就是对海新体制探测领域中一个世界范围内的难题，如果解决不好，甚至可能让雷达变成“睁眼瞎”。为了解决它，刘永坦带领师生一起分析杂波的来源、特性，组建若干学习小组，齐头并进、多点出击。一名学生回忆说：“那一个月，日夜交替，一个结论推翻另一个结论，在每天睡眠不足 6 小时的连轴转中较真碰硬，使我真正走进了信号的世界。”在研究压力下，团队成员都绷紧了弦，开碰头会时讲意见、摆事实、谈思路，有时甚至“吵”起来。坦先生却端坐在那里，面带微笑、细听争论。他认为科学问题，自然是越辩越明晰；问题答案，自然是越争越透彻。

坦先生更是准确地把握学科发展的方向，将科研与学生培养有效结合。在教学中，把国防尖端领域的新理论、新技术带进课堂，同时把学生带到国防科研一线，锤炼团队协作攻关精神和攻坚克难能力。他特别强调要用实际数据验证理论方法的效果和可行性，理论要经得起考验。在这样严格的要求下，培养的学生不仅在理论上站得高，还在实践中经得起检验。学生中涌现出了将军、院士、大学校长、教授和国防院所总师、高科技技术公司创始人等一大批栋梁之材，其中有些已经成为我国空间遥感、雷达技术等领域的领军人物。

在家养病的日子里坦先生依然不忘指导学生

从教 60 年来，刘永坦一直致力于电子工程的教学与研究工作，先后讲授过 10 多门课程。有两年，他给本科生和研究生连续讲授 4 门课，近 300 学时。

开始率领团队进军新体制雷达研究之后，作为主帅，刘永坦承担更为繁重的工作，特别是在基地做实验的劳动强度也远非常人可比，常常由于赶不上吃饭而用面包充饥，困了就倒在实验室的板凳上凑合一觉，疼痛难忍的腰椎间盘突出曾让他几个月难以行走。有一年，刘永坦旧病复发，腰像是断了一样疼，却仍然坚守教学岗位，照常默默地忍住剧痛为学生讲课，旁听青年教师试讲课。直到有一次从课堂上下来，一位研究生发现他脸色苍白，知道老师病痛又复发了，才不顾反对送他回了家。在家养病的日子里，刘永坦又多次让教研室的老师把研究生邀请到自己家里来，和学生们一起讨论论文的修改，并给予精心指导。

在哈工大师生眼中，坦先生不是高不可攀的人。他有时就住在校园里，遇到慕名而来求合影的学生他也从不拒绝，态度和蔼地配合，看起来就是一位普通的长者，衣着朴素，精神矍铄。

坦先生只要不出差就会定期和学生交流讨论，一点架子都没有。有一次，他与博士生小组讨论结束后天色已晚，于是便请学生们集体改善伙食。席间，刘永坦会就学业困境与具体问题进行交流，聚餐往往会成为精彩学术讨论的延续。

学习上，坦先生是“火眼金睛”。他的历届学生们都说，做坦先生的学生，功底不扎实是不行的。故弄玄虚、华而不实的东西逃不过坦先生的眼睛。生活中，坦先生又是“明察秋毫”的。他始终关心学生每天工作多久、睡眠多少、作息是否规律等，甚至是感情问题也常常倾心交谈。很多学生都说，与刘永坦先生接触得越多，就越能感受到他无微不至的关心和全方位的指导。

坦先生说，“有的人聪明，学什么东西立刻理解，是好事。而有的人或许不够聪明，但只要做事踏实，就可能会走得更远”。

课堂上实验室中
坦先生把爱国作为教学科研的核心

辛勤耕耘 60 年的教师生涯，他一直用实际行动教育和感染周围的同事和学生爱国、奉献、刻苦、钻研。

刘永坦始终站在国家立场，从学科特点出发，将培养优秀的国防科技事业急需的领军人才，作为自己报国志向的追求。一边搞科研，一边上讲台……

刘永坦说：“对祖国的爱，都是很具体的，具体在每一天怎样去做人、做事和对待工作上。”刘永坦经常跟团队师生说：“能为国家的强大作贡献是我们最大的动力和使命。国家把这么重要的项目交给我们做，这是我们最大的荣耀。”刘永坦经常和学生们说：“是国家的需要，让他找到奋斗的方向。”这些都不是空话，坦先生一直都在践行。他和他的团队成员如今依然初心不改、奋斗不止，怀着强烈的责任感和使命感，在雷达的国度中驰骋四方，不断去迎接新的挑战，攀登新的高度。

坦先生用一辈子献身国防的实际行动感染和教育他身边的每一个人，他把爱国作为教学和科研的核心，用自己的言传身教，把思政课上到了每个学生心灵最深处。坦先生就像一团火，温暖了一个又一个学子，点燃了他们不负韶华的报效之心。强大的爱国向心力，让坦先生变成了“磁核”，源源不断地把人才吸引到祖国的北疆。张宁教授，从团队组建开始就跟随刘永坦一起攻关；许荣庆教授，从MIT林肯实验室进修回来，加入团队……在这块“磁核”的吸引下，近40年来，刘永坦的报国心、强国梦在不同时期吸引着同心筑梦的青年学者来到黑龙江，来到他的身边。刘永坦亲手培养、带领这群敢啃硬骨头、放弃更为优越条件的年轻人，将热血与青春播撒在龙江大地。

《黑龙江日报》2020年9月10日

矢志不渝强国梦
初心不改爱国情

衣春翔

2019年1月8日，人民大会堂，哈尔滨工业大学教授刘永坦接过了2018年度国家最高科学技术奖。已年过八旬的刘永坦对这样的舞台并不陌生，他曾在1991年和2015年两获国家科技进步奖一等奖，但他告诉记者，除了这份至高荣誉，他更看重的还有他和团队不忘初心、不辱使命，为国家作出了应有的贡献。“我只是一名普通的教师和科技工作者，在党和国家的支持下做成了点事，这事离开团队的力量也是绝对无法做到的。荣获国家最高科学技术奖是一种无上的光荣，这份殊荣不仅仅属于我个人，更属于我们的团队，属于这个伟大时代所有爱国奉献的知识分子。”

党的十九大报告指出，创新是引领发展的第一动力，是建设现代化经济体系的战略支撑。要瞄准世界科技前沿，强化基础研究，实现前瞻性基础研究、引领性原创成果重大突破。刘永坦用自己毕生的理论和实践诠释着“创新”二字的深刻内涵。刘永坦是中国对海探测新体制雷达理论与技术奠基人和引领者，著名雷达与信号处理技术专家。他曾有过一个宏愿，那就是开创中国的新体制雷达之路。为此，40年来，他带领团队艰苦奋斗，不惧困境，砥砺前行，致力于中国新体制雷达事业的发展，科技创新成果达到了国际先进水平，为中国筑起了“海防长城”。在刘永坦和他的团队眼中，这样的成果能从哈尔滨工业大学、从黑龙江“走”出来，也是一种必然。

“可以在科研成果上堂堂正正地署上‘中华人民共和国’，这种心情是何等舒畅”

“我学有所成，当然要回国。在英国，无论我工作多么努力，取得了多大的成绩，终归是在给别人干活。回到祖国，我可以在科研成果上堂堂正正地署上‘中华人民共和国’，这种心情是何等舒畅！”1981年，刘永坦在英国进修结束后立刻起程回国，回到哈工大开展新体制雷达相关研究。

实际上，当时的科研人员已经有很多的人生选择，他们可以选择进入外国的实验室，可以选择“下海”经商，即便留在高校，也可以选择比较容易出成果的科研方向。在当时的很多人看来，刘永坦的选择并不好，对于看起来“希望渺茫”的新体制雷达，很多人都有这样的疑问——有很多事可以做，为什么一定要做这个？

新体制雷达被称为“21 世纪的雷达”。当今世界千余种雷达中，新体制雷达不仅代表着现代雷达的一个发展趋势，而且对航天、航海、渔业、沿海石油开发、海洋气候预报、海岸经济区发展等领域也都有重要作用。访学期间，刘永坦所在英国伯明翰大学电子工程系就在做这项研究。当时，刘永坦参与了该校重大科研项目“民用海态遥感信号处理机”的部分研制工作，并顺利完成了具有国际先进水平的信号处理机的研制工作。正是通过这次难得的科研任务，刘永坦对新体制雷达有了直观的认识，并萌生出一个宏愿——开创中国的新体制雷达之路。

“我国有近300万平方公里海洋面积，但当时能有效监测的不到20%。大部分看不到、管辖不到，别人进入我们的海域我们都不知道。”刘永坦说，“如何能看得远、如何把我们的海域全都保护起来，这是国家的需求，所以一定要做出这个新体制雷达。如果别人先做出来了，我国国防安全会受到影响。核心技术必须靠我们自己的智慧和奋斗拼出来、干出来。”

在刘永坦看来，要想完成宏愿，回到哈工大和黑龙江是最好的选择。

1953年，成绩优异的刘永坦以第一志愿考入哈工大。1958年，刘永坦在哈工大参与组建无线电工程系，并正式成为哈工大的青年教师和科技工作者。在哈工大学习和任教的岁月里，他始终相信，在哈工大能够组建一支能打科研“硬仗”的团队。

但刚一回国刘永坦就遭遇了很多困难。当时，新体制雷达还只是一个概念，20世纪70年代中期，中国曾对这种新体制雷达进行过突击性的会战攻关，但由于难度太大、国外实行技术封锁等诸多因素，最终未获成果，国外当时也没有做出突出的成果。

刘永坦毫不气馁，他带领团队在荒无人烟的试验现场埋头苦干。这是一项充满未知的研究，不仅前途未知，而且工作本身也不可让人知。经过800多个日夜、数千次实验以及数万个测试数据的获取，他们系统地突破了海杂波背景目标检测、远距离探测信号及系统模型设计等基础理论，创建了完备的新体制理论体系，并于1989年建成了中国第一个新体制雷达站，成功研制出我国第一部对海新体制实验雷达。

1990年4月，雷达站完成了整机调试。

1990年10月，国家多个部门联合举行的鉴定会宣布——新体制雷达研究成果居国际领先水平。

1991年，该项目荣获国家科技进步奖一等奖。

“国家把这么重要的项目交给我们做，这是我们最大的荣耀”

“没有理论指导的实践是盲目的实践，没有被实践证实并得以丰富发展的理论是空洞的理论。只有这两者紧密结合、相辅相成，才是我们完成创新科研工作的指导方针。”研究成果虽然获得国家科技进步奖一等奖，但刘永坦觉得还远远不够。他告诉团队成员们，倘若成果不能得到真正应用，那对国家来说无疑是巨大的浪费和损失。

面对人生的又一次重要抉择，刘永坦再一次作出了为大义舍小利的决定。随后发生的事情，让刘永坦深深感动了一回。在得知他的决定之后，团队成员竟然全部义无反顾地作出了全力支持的决定。团队骨干都说：“刘老师艺高胆大，又善于团结大家一起协力攻关，我们跟着刘老师干有信心。”

刘永坦在验证实验数据

"新体制雷达项目得到了国家高度重视。它对国家、学校和专业都意义重大，我们压力很大，但必须做好。"1997年，新体制雷达被批准正式立项，哈工大作为总体单位承担研制工作，这在国内高校中还是首次。刘永坦和他的团队深知，面前是一条只能进不能退的路。

为节约时间和经费，刘永坦把队伍拉到离试验场地最近的废弃民房里，现场环境十分恶劣、生活条件非常艰苦，他们常常一待就是几个月。为尽快把科研成果投入国防应用，他们时常吃睡在现场，每天工作十几个小时、有时甚至连熬几个昼夜……

"一个一个研究，一个一个排除，可以说，这十几年我们是在解决强大的电磁干扰中成长的。"回忆起从试验场地转战到实际应用场地的岁月，团队成员都唏嘘不已，很多理论、技术上的难点和空白仍需要去解决、去填补。再加上地域和环境的差异，实际工作中又产生了许多新的问题和困难。这类项目一般都是由专业院所才能完成，绝非一所高校能做到的，而刘永坦团队当时仅有二十几人。

"这些家在哈尔滨的队员，每一次去基地常常要干两三个月然后才能回来休整几天。"刘永坦说，"能为国家的强大作贡献是我们最大的动力和使命。国家把这么重要的项目交给我们做，这是我们最大的荣耀，团队队员尽管清贫却干得有劲、觉得光荣。"

宝剑锋从磨砺出，梅花香自苦寒来。按照国家有关部门提出的继续提高雷达性能的要求，又通过10余年的艰辛努力和刻苦攻关，刘永坦和他的团队又一次圆满完成了任务。刘永坦为之不懈奋斗的新体制雷达打破了国外技术垄断，使中国成为世界上少数几个拥有该技术的国家之一，对长期以来困扰雷达的诸多威胁提供了有效的对抗技术措施，而且比其他技术造价低，具有十分广阔的应用前景。2015年，这项荣获国家科技进步奖一等奖的成果，在保卫祖国海疆中发挥了巨大作用。

任何一支团队都有着自己的"精神"，在刘永坦团队骨干的眼里，这支“雷达铁军”的“精神”包含刘永坦所秉承的性格和情怀——敢于迎难而上、挑战自我的气魄；包含哈工大“八百壮士”与祖国共命运，勇于担当重任的爱国精神；包含黑龙江的东北抗联精神、北大荒精神、大庆精神、铁人精神。他们认为，正是这些精神力量，鼓舞着来自不同专业的他们克服困难，将不可能变成可能。

“围绕一个方向，聚焦一个领域，刘永坦院士这种不以困难为断点，不以成就为终点的精神，是哈工大的科研传统，是在龙江大地上孕育出的宝贵精神。”哈工大相关负责人说，多专业组成团队，坚韧不拔啃科研“硬骨头”，这个传统还催生了哈工大的小卫星团队、激光通信研究团队、机器人等科研团队，为国家科技、经济发展作出了贡献。

“国家对创新人才的需求还很迫切，我不能懈怠”

1991 年当选中国科学院学部委员（院士），1994 年当选中国工程院首届院士，作为黑龙江省唯一的两院院士，刘永坦十分耀眼。但在刘永坦眼中，最看重的还是“教师”这一身份，最在意的还是为国家培养人才、造就人才。在 60 年的教育生涯中，虽然科研任务繁重，但他一直坚持在创新人才培养上下功夫，为我国科技队伍的建设和人才培养作出了重要贡献。

从教 60 年来，刘永坦一直致力于电子工程的教学与研究工作，先后讲授过 10 多门课程。有两年，他给本科生和研究生连续讲授 4 门课，近 300 学时。1989 年 5 月，他主编的《无线电制导技术》作为全国统编教材出版。1999 年 10 月，他出版的专著《雷达成像技术》获得首届国防科技工业优秀图书奖、全国普通高等学校优秀教材一等奖。

开始率领团队进军新体制雷达研究之后，作为主帅，刘永坦承担着比别人更加繁重的工作，特别是在基地做实验的劳动强度也远非常人可比，常常赶不上吃饭而用面包充饥，困了就倒在实验室的板凳上凑合一觉，疼痛难忍的腰椎间盘突出曾让他几个月难以行走。有一年，刘永坦旧病复发，腰像是断了一样疼，却仍然坚守教学岗位，照常默默地忍住剧痛为学生讲课，旁听青年教师试讲课。直到有一次从课堂上下来，一位研究生发现他脸色苍白，知道老师病痛又复发了，才不顾反对扶着他送他回了家。在家养病的日子里，刘永坦又多次让教研室的老师把研究生邀请到自己家里来，和学生们一起讨论论文的修改，并给予精心指点。

“坚持你的理念，努力实践，克服途中的困难才能达到成功的境界。”刘永坦培养研究生更看重学生本身的学习愿望、做科研的热情和独立自主的创新意识。他将强大祖国国防作为毕生追求和坚守，在培养学生的过程中，他也反对学生选那些华而不实、脱离国防与经济建设的“空题目”，主张“真刀实枪放到真实的环境里去锻炼”。他的博士研究生们的课题都来自具体科研实践，都是国家真正需要解决的实际问题。

基于这样的教育理念，刘永坦培养的学生都获得了较强的分析和解决问题的能力。他认为，科研和教书育人是相辅相成的，重大科研课题为培养高层次科技人才提供了丰富生动的课堂，思想活跃的青年学生是科研中十分重要的生力军，也是创新思想的重要源泉。迄今为止，他培养的硕士和博士中，不乏两院院士和国家级专家等高层次人才，他的很多学生已成为我国空间遥感、雷达技术等领域的领军人物。

由于在人才培养方面的重要贡献，刘永坦获得了当之无愧的荣誉。他 1992 年、1993 年连续被航天部评为“人才培养先进个人”，1993 年被评为全国教育系统劳动模范并获人民教师奖章，1995 年获哈工大“伯乐奖”，1997 年获香港柏宁顿教育基金会“孺子牛金球奖”……

当各种荣誉纷至沓来时，刘永坦却始终不忘初心。面向国家未来远海战略需求，耄耋之年的刘永坦依然活跃在科研前线，继续带领团队规划实施对海远程探测体系化研究，逐步开展分布式、小型化等前瞻技术的自主创新。投身教育事业60年的刘永坦还有一种强烈的使命感——“新体制雷达还有很多的工作要完成，国家对创新人才的需求还很迫切，我不能懈怠。”

《黑龙江日报》2019年1月10日

为祖国海疆铸造千里慧眼

——“时代楷模”刘永坦与威海的不解之缘

张　宇

2021 年 9 月 29 日，中共中央宣传部发布关于授予刘永坦“时代楷模”称号的决定；当天晚上，《时代楷模发布厅》播出了矢志筑牢祖国“海防长城”的杰出科学家刘永坦院士的先进事迹。一时之间，社会关注，媒体聚焦，这位耄耋老人再次引得万千瞩目。

刘永坦是著名雷达与信号处理技术专家，对海探测新体制雷达理论与技术奠基人和引领者，中国科学院院士，中国工程院院士，哈尔滨工业大学教授。就是这样一位坚守家国情怀、矢志科技报国的“时代楷模”，与威海有着深厚的缘分——1989 年，刘永坦带领团队在威海海岸成功研制建立了我国第一部新体制远距离雷达实验系统。从此，他步履不停，突破系列关键技术，育杰出人才，铸国之重器，为祖国海疆铸造千里慧眼。

9 月 30 日，记者走进哈尔滨工业大学（威海）雷达站。在这里，记者见到了刚从北京代表刘永坦院士领奖归来的哈工大（威海）电子工程研究所所长、雷达站站长于长军教授，听他讲述了刘永坦院士 40 年攻克难关的故事。

手写 20 余万字，拿下新体制雷达立项

对我们的海域，只有看得远才能做到保护得远。新体制雷达能突破传统雷达探测“盲区”来发现目标，是海防战线上决胜千里之外的“火眼金睛”。

20 世纪 80 年代初，强烈的忧国意识和深厚的科学素养，让刘永坦萌生了研究远距离探测装备的宏愿，决心彻底改变我国对海探测的落后局面。

然而，这样一项国家重大需求，却没有任何可供借鉴的理论和技术。“当时国际上同类雷达也都处于探索起步阶段，而且严密封锁。”于长军说，研究这项技术，对团队，对刘永坦个人，都具有很大的风险，很可能几十年下来都没有任何成果，也可能一辈子默默无闻。

但刘永坦始终坚信：自我创新、另辟蹊径是突破科学难题的唯一途径。为了争取当时航天工业部预研部的支持，团队在几个月的时间内，拿出了一份 20 多万字的《新体制雷达的总体方案论证报告》。

这 20 多万字的报告，是团队成员一笔一画手写出来的。当时没有计算机、键盘和屏幕，更没有打印机、A4 纸，有的只是墨水和普通稿纸。“想象一下，一页稿纸 300 字，光一份方案报告，就得 700 多页，全都手写。”张宁回忆说，光写废的纸摞一起就有半米高。

那时，与刘永坦一起，6 个人伏案研究、奋笔疾书，“喝光”的墨水瓶更是不计其数，写字快的功夫就是在那个时候练出来的。

新体制雷达涉及信号发射、接收、信息提取等各个环节，每一处刘永坦都要求大家必须实现理论技术的创新，在实践中获得检验，反复锤炼成千上万次才能通过。

他带着团队从零起步，系统突破了地波激励原理、多类型目标散

射特征、海杂波背景目标检测机理等基础理论问题，创建了新体制探测理论体系，实现了海防预警科技的重大原始创新。

1986 年 7 月，航天工业部在哈工大举行了新体制雷达关键技术成果鉴定会并给予高度肯定。从此，新体制雷达从预研项目被列为国家科技应用与基础研究项目。

在威海白手起家，建起全国第一个新体制雷达站

“科研成果不能转化为实际应用，就如同一把没有开刃的宝剑，中看不中用。”1986 年，刘永坦提出了建立新体制雷达实验站的想法。

雷达站建在哪？这成为刘永坦和大家面临的第一个问题。新体制雷达主要是对海观测，雷达站也必须建在海边，最初有人推荐了江苏的启东沿海，也有人将眼光投向了山东威海的刘公岛。

刘永坦经过多方考虑和慎重选择，最后选择了刚创建不久的哈工大威海校区校园的海边。当时的哈工大威海校区刚刚建起第一座教学楼，整个校园除了果园就是荒地。但刘永坦认为，雷达站的建设要依托威海校区，也会为校区未来的发展作出贡献。

1988 年，在学校和地方政府的支持下，中国第一个新体制雷达实验站在威海校区校园海边动工。由于新体制雷达不同于以往的微波雷达，工程化难度非常大，批复的经费在采购完必要的仪器设备之后，可支配的资金已所剩无几。

团队里有人打了蔫儿，刘永坦话语铿锵：“如果没有难点，还叫什么科研！”

选址地远离人烟，科研人员住在四面漏风的简易房子里，一天工作十几个小时，一干就是几个月。

生活不便，他们经常用冷面包充饥；交通不便，他们顶风冒雨，

刘永坦和团队同事在观察雷达实验系统运行

单程徒步3公里往返驻地和雷达站……刘永坦带领大家没有退缩，而是想尽办法争取多方支持，渡过难关。

1989年，新体制雷达实验系统建成，中国人用8年时间，赶完了西方国家二三十年的路。1991年，新体制雷达项目荣获国家科技进步奖一等奖，刘永坦当选为中国科学院学部委员（院士）。

他一生致力于我国雷达事业发展，带领团队成功建成了我国首部具有全天时、全天候、远距离探测功能的对海新体制雷达，为加快建设科技强国、海洋强国作出了突出贡献，荣获2018年度国家最高科学技术奖。

这些年，刘永坦带领的团队从最初的6人发展到30多人，在自己的母校——哈尔滨工业大学建起一支“雷达铁军”，带出新体制雷达领域老中青三代人才的“梦之队”。他带领团队从试验场转战到应用场，着力解决新体制雷达实验系统的实际应用转化。

而威海雷达站已孕育出2项国家科技进步奖一等奖，现在仍然承载着新技术、新机理的研究任务，成为工信部对海监测与信息处理重点实验室的外场实验基地。

“即便这么多年过去了，再提起威海雷达站，刘永坦院士依然对这里有着深厚的感情。”于长军说，1990年至今，每年刘永坦都会回到威海，待上一阵子，潜心研究。

这里有美丽的海滩，海鸥不时高亢鸣叫。挺立的雷达天线阵也像这聪明、勇敢的精灵，永不停歇捕捉着来自远洋的信号。在刘永坦看来，它们仿佛早已有了生命，是团队中的“特殊成员”，凝结着很多人毕生的心血和梦想。

三十功名尘与土，八千里路云和月。如今，耄耋之年的刘永坦，依然没有停下脚步。

在他的设计推动下，“21 世纪的雷达”将在航海、渔业、沿海石油开发、海洋气候预报、海岸经济区发展等领域大显身手，造福于民。

“一项任务完成了，就要开始下一项，只有研制出性能更好的产品，才能给国家交上满意的答卷。”他说。

“刘永坦院士说过这样一句话，‘国家的需要就是我们的需要，国家的需要就是我们个人的追求’。作为他的学生，我们将继续在威海、在老师挥洒青春汗水的地方，面向国家未来远海战略需求，规划实施对海远程探测体系化研究，为构建‘海防长城’添砖加瓦。”于长军说。

《威海日报》2021 年 9 月 30 日

舆论反响

黑龙江各界热议刘永坦事迹：坚守初心　科技报国

刘梦丹　张艺开

在数十载科研生涯中，刘永坦带领团队爬坡过坎，在国内率先开展了新体制雷达研究，技术成果领跑世界，并成功实现工程应用。耄耋之年，他依旧坚守在科研一线，为推进我国对海探测能力的进一步发展发光发热。连日来，他的事迹再一次在黑龙江各界引起广泛热议。

2021 年 9 月 26 日，由黑龙江省委、黑龙江省作协、哈尔滨工业大学联合主办的《为你而生——刘永坦传》新书发布会在哈尔滨举行。“希望全省人民特别是青少年学子向刘永坦院士学习，传承红色基因、赓续红色血脉，用实际行动传承科学家精神。”黑龙江省委有关领导表示。“他扎根一线、埋头耕耘的精神，是每个人都需要学习的。在科学创新的路上，还有很多‘冷板凳’和‘无人区’等着我们，我们要更加努力。”齐齐哈尔市科学技术局战略规划与创新体系建设处有关负责人表示。

在黑龙江，哈尔滨工业大学组建的刘永坦院士先进事迹报告团已宣讲 50 余场，覆盖听众 10 万余人次，宣讲行程超过 8000 公里。哈尔滨工业大学党委书记熊四皓说：“他用一生诠释了一名科学家的初心和坚守，始终是大家学习的楷模、奋斗的航标。”

互联网上，越来越多人将目光投向刘永坦这样以身许国的科学家，有网友留言点赞："刘永坦院士坚定践行科技报国的信念，怀抱对国家的无限赤诚之心，在报效祖国、服务人民中实现人生价值。"

《人民日报》2021 年 9 月 30 日

“这才是我们应该追的星”

张士英

扎根黑土地，他带领团队从零起步、艰难探索40年，为中国的万里海疆修筑了一道“海上长城”。2021年9月29日，哈尔滨工业大学刘永坦院士被授予“时代楷模”称号。他的事迹经媒体报道后在社会中引起热烈反响。“时代楷模、薪火相传”“这才是我们应该追的星”……网友纷纷留言点赞。

在哈尔滨工业大学，刘永坦院士的先进事迹在师生朋友圈“刷屏”。“我一直在想，是什么样的动力，能让刘永坦院士栉风沐雨地坚守在雷达实验站？学习完刘永坦院士事迹后，我得到答案，那便是党和国家的需要。我已通过研究生支教团的面试，明年将踏上西部支教之旅，让青春在党和人民最需要的地方绽放，我想这是学习刘永坦院士精神的最好诠释吧。”哈尔滨工业大学经济与管理学院学生曲佳璐写下感悟。

为传承以刘永坦为代表的老一代科学家精神，培养更多具有国际视野、家国情怀、创新思维、领军能力的拔尖创新人才，2021年，哈尔滨工业大学增设“永坦班”，由刘永坦院士领衔并担任班主任。作为首届“永坦班”学生，高若瑜倍感骄傲和自豪：“刘永坦院士在风雨如晦中立下‘刻苦学习，科学报国’的朴素理想，在科研与生活条件困难重重之时勇往直前攻克技术难题，为祖国海防装上‘千里眼’，在成就卓著之时选择向更高目标砥砺前行，在荣誉加身时捐献奖金为党育人。他向我们诠释，要做仰望星空、理想远大的追梦者，做无畏困难、追求卓越的奋斗者。”

“刘永坦院士心怀‘国之大者’，数十年如一日进行科技探索与攻关，为祖国海防事业保驾护航，他的事迹和精神值得每一位科研工作者学习、传承！”东北石油大学非常规油气研究院副院长赵万春说。

赵万春所在的非常规油气研究院地质工程一体化科研团队是一支成员平均年龄仅有 35 岁的年轻团队。成员们虽然年轻，却都是敢啃硬骨头、敢于创新和突破的“闯将”。目前，他们正在全力进行黑龙江省第一批“揭榜挂帅”科技攻关项目的深入研究。团队用“非常规”的科研思想和学术思维积极解决“卡脖子”难题，助力大庆古龙页岩油勘探开发。

前不久，大庆油田古龙页岩油勘探实现重大战略突破，团队上下为之振奋，更加快了对页岩油科研攻关的脚步。大家希望以刘永坦院士为榜样，与大庆油田一道共同推动我国页岩油气开发技术水平走在世界前列。

哈尔滨理工大学电气与电子工程学院教授迟庆国表示，刘永坦院士的科研选择和爱国情怀对自己研究电容器有很大触动和启发，电容器是高压直流输电工程、新能源并网、新能源汽车的重要组成部分，未来自己将专注于研究方向，为实现国家“双碳”目标、破解“卡脖子”技术难题贡献自己力所能及的力量。

“刘永坦院士长达 40 年的潜心研究之路告诉我们，要完成技术突破绝不能浅尝辄止，要聚焦问题难点，专注、纯粹、深入、坚持不懈地钻研，才有可能取得成功；面对从零起步的科研难题和国内外重重质疑，刘永坦院士仍坚定信心、矢志不渝，这启发科研工作者应坚定科研信念，自主创新，敢于摆脱对国外技术、仪器的依赖，勇于突破国外技术封锁；刘永坦院士矢志报国、担当有为的家国情怀激励着我们要志存高远，心中有国家人民，勇担重任，面向国家重要需求，深耕细作，把成果写在祖国大地上。”迟庆国感慨不已。

《光明日报》2021 年 9 月 30 日

“一辈子做好一件事”

——刘永坦院士事迹激励广大科技工作者和青年学生建功立业

马维维

中国科学院院士，中国工程院院士，哈尔滨工业大学教授、博士生导师刘永坦院士扎根龙江六十载，推动国家对海探测领域前瞻布局，带出一支敢打硬仗、能打胜仗的“雷达铁军”，铸就了捍卫国家领土主权的海防重器，为我国建设海洋强国作出了卓越贡献。刘永坦院士的责任担当、家国情怀和科学精神极大激励了广大科技工作者和青年学生，大家纷纷表示，刘永坦先生精神坚定了为科学研究和人才培养事业奋斗终身的决心，要不忘初心、牢记使命，扎根龙江、建功立业。

哈尔滨工业大学电信学院教授李杨是刘永坦院士指导和培养的青年人才，也是刘永坦先进事迹宣讲团成员之一。“作为我们的榜样，他身上所折射出的铁肩担当的家国情怀和不断求索的科学精神，始终激励着我们在打造国之重器、培养杰出人才的工作中追求卓越、不断前进。”李杨说。

多次学习聆听刘永坦院士先进事迹的哈尔滨工业大学建筑学院教授薛名辉说，从刘永坦院士身上，更深刻地理解了坚守的意义。正因为坚守祖国海防，长存报国之心，才能让国之重器屹立于世界；正因为坚守北疆沃土，担当立德树人之任，才能让人才辈出，孕育出作风过硬的“雷达铁军”。

刘永坦院士在哈尔滨工业大学 2014 届硕士研究生学位授予仪式上发言

哈尔滨理工大学材化学院教授、博士生导师张凤鸣说，未来他将带领团队在基础研究中不断追求卓越、聚焦原始创新，为碳达峰、碳中和提供技术支持。“我要像刘永坦先生那样扎根龙江，一辈子做好一件事，力争为科技强国建设作出贡献。”

“我们敬仰先生追求真理、勇攀高峰的科学精神，严谨治学、注重诚信的优良学风，甘为人梯、淡泊名利的道德情操。”哈尔滨理工大学电气与电子工程学院教授、博士生导师陈明华表示，作为一名新能源领域的科研工作者，要勇于接过“接力棒”，瞄准国家“双碳”目标，为能源可持续发展提供科技支撑。

王柳是东北石油大学的一名博士研究生，刚刚步入科研大门的她，时常被刘永坦院士那句“干科研，要静下心来，坐住‘冷板凳’”所激励。“刘永坦院士的科研精神不断鼓舞着‘后浪’向前翻涌。我将以刘院士为榜样，把个人梦想与国家命运结合起来，为保障国家能源安全贡献青春力量！”

东北石油大学提高采收率研究院皮彦夫教授说：“刘永坦院士真正将科技论文写在了祖国大地上。”刘永坦院士不仅指引他在科研道路上奋勇前进，更给身为党员的他树立了榜样。“刘院士用自己的一生诠释了党员的责任与使命，只有越来越多的科研工作者勇担时代使命，大力攻关技术难题，才能在各个领域不断实现自主创新。”皮彦夫说。

《经济日报》2021年9月30日

学习的楷模　奋斗的航标

——刘永坦先进事迹在哈尔滨工业大学师生中引起热烈反响

马晓雪　曹　曦

2021 年 9 月 29 日，中共中央宣传部授予中国科学院院士、中国工程院院士、哈尔滨工业大学教授刘永坦“时代楷模”称号。刘永坦院士的先进事迹，在校内外引起热烈反响，哈工大师生从不同角度畅谈了学习刘永坦院士先进事迹的认识、体会和感悟。

“刘永坦院士用一生诠释了一名红色战略科学家的初心和坚守，是全体哈工大人做人的标杆、学习的楷模、奋斗的航标，同时也充分证明，中国大地上完全能够源源不断培养造就大批优秀人才、培养出大师。”哈尔滨工业大学党委书记熊四皓表示，面向新百年，哈工大将坚持以习近平总书记致哈工大建校 100 周年贺信精神为引领，不断增强“四个意识”、坚定“四个自信”、做到“两个维护”，牢记“国之大者”，继承和发扬以刘永坦院士为代表的老一辈哈工大人胸怀祖国、服务人民的优秀品质，加快推进人才培养、队伍建设、科学研究、内部治理 4 项重点领域改革，坚持扎根东北、爱国奉献、艰苦创业，不断改革创新、奋发作为、追求卓越，为各类人才搭建干事创业的平台，培育更多杰出人才、打造更多国之重器。

哈尔滨工业大学校长韩杰才说，刘永坦院士是践行科学家精神的杰出典范，是新时代共产党员的先锋榜样，也是哈工大“八百壮士”的典型代表。韩杰才表示，面向新征程，哈工大将继续深入学习贯彻落实习近平新时代中国特色社会主义思想，更加紧密地团结在以习近平同志为核心的党中央周围，立足两个大局，心怀“国之大者”，为国分忧、为国解难、为国尽责，以刘永坦院士为榜样，传承红色基因、赓续红色血脉，传承科学家精神，矢志打造更多国之重器、培养更多杰出人才。全校上下将始终同人民站在一起、想在一起、干在一起，在全面建设社会主义现代化国家新征程中奋勇争先、建功立业，以中国特色社会主义一流大学建设的新业绩，为党和人民争取更大光荣。

哈尔滨工业大学电信学院教授李杨是在刘永坦院士的指导和培养下成长起来的青年人才，多次作为宣讲团成员面向师生讲授刘永坦院士的事迹，每一次都有新的感悟。“作为我们身边的榜样，他身上折射出的家国情怀和科学精神，始终激励着我们在打造国之重器、培养杰出人才的工作中追求卓越。跨越百年，身处新时代的我们，将坚守初心，接续奋斗。”李杨说。

“刘永坦院士既是成就卓著的雷达技术帅才，又是善于教书育人的优秀教师，四十年如一日带领团队攻坚克难，用心凝聚了一支专注海防科技创新的‘雷达铁军’，为国家培养了一大批科技英才，耄耋之年仍奔波在教学、科研一线。”哈尔滨工业大学威海校区通信工程系教工党支部书记刘爱军表示，作为一线教师和基层党支部书记，一定要传承好刘永坦院士的艰苦奋斗、家国情怀精神，以“时代楷模”为榜样，为威海校区的发展贡献力量。

哈尔滨工业大学电信学院电子工程系2020级硕士研究生于川淼认真观看了央视“时代楷模”发布仪式，深刻感受到了刘永坦院士深怀爱国之心、砥砺报国之志的科学家精神，进一步坚定了将来以所学专业知识助力高水平科技自立自强的决心，“作为哈工大学子，我将进一步坚定理想信念，珍惜大好的学习时光，努力练就过硬本领，以奋斗放飞青春梦想，为建设科技强国和全面建设社会主义现代化国家贡献青春力量”。

《中国教育报》2021 年 9 月 30 日

评论观点

一生信仰，忠诚报国

陈 聪 屈 婷

一辈子围绕一个方向、聚焦一个领域，誓要打破科技封锁，以科技报国，这就是国家最高科学技术奖获得者、85 岁的刘永坦院士不悔的人生选择。他甘坐板凳十年冷、扎根北国边疆四十载，带领团队勇闯新体制雷达的科研“无人区”，生动诠释了一代代科技工作者忠诚报国、矢志奋斗的精神之源、信仰之力。

研制新体制雷达有多难？20 世纪 80 年代初，国外技术严密封锁，国内科研经费短缺，选址地一片荒芜。但就在这样艰难的环境中，刘永坦带着团队干出了惊天动地事。新体制雷达这一重器横空出世，标志着拥有了决胜千里之外的“火眼金睛”。时光飞逝、精神赓续，伟大的“两弹一星”精神如灯塔般，指引着刘永坦团队攀登的脚步。

热爱祖国、无私奉献的种子，深埋刘永坦心中。对国家山河破碎的记忆，让少年刘永坦立下科学报国之志。新中国成立后，好学聪颖的刘永坦很快成长为科研新星，并成为“文化大革命”后第一批公派出访的学者。面对导师的再三挽留，他毫不犹豫，踏上归途。漫长岁月中，金钱荣誉，他无暇一顾；儿女情长，他深藏心底。把国家最高

刘永坦在实验室内接受采访

科学技术奖的800万元奖金全部捐出，道尽这位科学家的崇高风骨。

自力更生、艰苦奋斗的精神，早已融入刘永坦的血液。1958年，刘永坦参与组建哈尔滨工业大学无线电工程系。这年夏天，他走上了大学讲台，挑起了教学科研两摊任务。几十年来，风刀霜剑、挫折病痛，他皆不惧，身先士卒干在一线，筚路蓝缕闯出新路，带出了一支赫赫有名的“雷达铁军”。耄耋之年的刘永坦依然活跃在科研前线，为国家重大需求努力攻关。

大力协同、勇于登攀的力量，早已成为刘永坦不断突破、创新的“密码”。突破“卡脖子”问题后，他推动“21世纪的雷达”更多地走进生产生活，造福于民；他主张“真刀实枪”瞄准前沿问题……他用科学家的战略眼光和创新精神，推动科技真正成为“国家赖之以强，企业赖之以赢，人民生活赖之以好”的利器。

矢志不渝强国梦，初心不改爱国情。

传承“两弹一星”精神，更多像“坦院士”这样的科技工作者，正为把我国建成科技强国而不懈奋斗。

新华社哈尔滨 2021 年 9 月 28 日电

心有大我，至诚报国

白毅鹏

“雷达看多远，国防安全就能保多远。”新体制雷达的研发和应用，离不开一个核心人物——他就是我国对海探测新体制雷达理论奠基人、对海远程探测技术跨越发展的引领者刘永坦。

在数十年如一日的科研生涯中，刘永坦带领哈尔滨工业大学科研团队锐意探索、开拓创新，一步一个脚印，不断取得重大突破，打造了一支“围绕一个方向，聚焦一个领域”的雷达科研“铁军”，开辟了中国的新体制雷达之路。

心有大我，至诚报国。刘永坦从小就立下科学报国、振兴中华的志愿，深厚的家国情怀伴随其科研生涯的始终。为了打破国外技术垄断，为祖国海疆装上“火眼金睛”，他带着团队从零起步、日夜攻关，使得早期在别人眼中“风险太大、周期太长”的雷达研究结出了累累硕果，也让中国在该领域跃居国际领先地位。

不论是研发期间的艰难险阻，还是成功之后的耀眼光环，刘永坦都泰然处之。他和团队既不以困难为断点，也不以成就为终点，表现出不断“往前拱”的科研精神和卓越追求。为了打造“国之重器”，他从未止步于先前的成绩，而是不断转战到更恶劣、更艰苦的环境中开展实验，提出一系列解决科研难题的首创方法。新体制雷达研究是个十足的“冷板凳”，刘永坦和他的“雷达铁军”凭借甘坐“冷板凳”的信念和坚守，不断在科研项目上取得新成绩，满足国防建设的需要。学生评价他：“身教重于言传。”

众多头衔中，“刘老师”或“坦先生”是刘永坦最喜欢的称呼。从教60年来，他坚持为党育人、为国育才。作为学科领军人物，他把新理论、新技术带进课堂，把学生带到国防科研一线，真刀真枪地锤炼技能。他的学生中，不乏将军、院士、大学校长、国防院所总师等杰出人才，他是他们永远的师长。

在刘永坦看来，“未来还得靠年轻人”。2020年8月，他和夫人冯秉瑞教授将国家最高科学技术奖800万元奖金全部捐出，设立永瑞基金，聚焦国防电子工程领域的人才培养，以此回报学校和国家。在哈尔滨工业大学，以他的名字命名的“永坦班”激励着青年学子矢志求学，为国家电子信息领域的发展贡献力量。

刘永坦和他的“雷达铁军”，为祖国海疆筑造了一道坚不可摧的“海防长城”。他们的优秀品质，是新时代知识分子和科技人员勇担使命、忠诚报国的集中体现。改革创新的伟大事业，需要更多年轻人前赴后继、励志求学，抓住时代发展机遇，成为可堪重任的国家栋梁。在榜样与先辈的激励下，新一代科技工作者必将为祖国打造出更多坚不可摧的“国之重器”。

《中国青年报》2021年9月29日

心有家国，师之大者

中国教育报评论员

一颗心一把火，一辈子一件事。

在讲台之外，刘永坦院士排除万难，为祖国海防装上“千里眼”，用一生追赶乃至领跑世界雷达技术的发展脚步；在讲台之上，刘永坦院士教书育人，激励一批批年轻人砥砺奋进，将家国情怀植入他们的内心深处。他是科研工作者的榜样，更是教育工作者的表率。

全部捐出国家最高科学技术奖 800 万元奖金，耄耋之年坚持奋战在科研第一线，60 多年来培养出众多国之栋梁……刘永坦院士以“不破楼兰终不还”的决绝意志诠释着一名科学家的初心和使命，也用甘于奉献、惜才育才的实际行动彰显了一名教师的品质与大爱。他是值得敬佩的科学家，更是学高为师、行为世范的青年学子引路人。

科研和教书齐头并进，做事与育人相辅相成，时代需要更多的刘永坦院士，发挥自我才能致力于现代化建设，把全部身心投入国家发展进步，用一腔热血培育未来人才，打造一批又一批的“国之重器”。在国之良将、大国良师们的引领下，无疑会诞生越来越多的高层次科技人才，会源源不断涌现出投身于中华民族伟大复兴的希望一代。

心有家国，立德树人，师之大者。在这个伟大的时代，所有爱国

刘永坦和团队成员对实验结果进行分析讨论

奉献的师者一定会被历史所铭记，他们的卓识与胸襟也注定一代代传承下去，撑起中国的壮丽未来。

《中国教育报》2021 年 9 月 30 日

弘扬科学家精神
凝聚创新发展力量

黑龙江日报评论员

一切伟大的成功，都需要崇高的精神支撑。

在我国漫长的海岸线上，矗立着一座隐形的“海防长城”。它的研发团队核心，是一位年逾八旬的高龄共产党员——刘永坦，国家最高科学技术奖获得者。扎根龙江六十载，四十年如一日专注国防科技事业，为祖国海防装上“千里眼”，这一切都离不开科学家科技报国的初心坚守和使命必达的自觉践行。

刘永坦，我国科技工作者的杰出代表，更是龙江人民的自豪和骄傲。他以卓著功勋演绎了科学家精神的精髓。科学家精神，是胸怀祖国、服务人民的爱国精神；是勇攀高峰、敢为人先的创新精神；是追求真理、严谨治学的求实精神；是淡泊名利、潜心研究的奉献精神；是集智攻关、团结协作的协同精神；是甘为人梯、奖掖后学的育人精神。他用实际行动诠释了共产党员的信仰和忠诚。如果信仰有颜色，那一定是最耀眼的中国红。他树立起行业领域和龙江大地上精神的标杆、成为学习的楷模。

榜样是一盏明灯，让精神之光熠熠生辉，照耀更多的人；榜样是一座航标，用共同的方向凝聚人心，指引大众崇德向善。古往今来，爱国始终是中华民族最为深厚的历史情感，融入龙江大地，这份爱国之情愈发浓烈深沉。从东北抗联战士顽强御辱到三代铁人接续开发大油田，从百万垦荒人建设大粮仓到龙江全面振兴全方位振兴征程上的奋力前行者，无数如刘永坦一样的国之脊梁，在黑龙江历史的天空上前赴后继地画出一个个闪亮的坐标，勾勒出无比璀璨的精神星座，引领着整个社会见贤思齐的精神风尚。

如今，新时代更是一个需要英雄并且能够产生英雄的时代。学所以益才也，砺所以致刃也。带领“雷达铁军”实现“为国造利刃”的铮铮誓言，让刘永坦从看似“高冷”的专业领域成功“出圈”。其精益求精的工匠精神、担当有为的敬业姿态、甘于奉献的家国情怀，正在发挥出无穷的榜样力量，涤荡人们的心灵。学习刘永坦，就是要学习他至诚报国的爱国情怀，学习他教书育人、敢为人先的敬业精神，学习他淡泊名利、甘于奉献的高尚情操。高扬的爱国主义，成为科学家刘永坦的精神底色；岗位上的敬业奉献，成为高尚人格的价值追求。

传记《为你而生——刘永坦传》的封面上，有这样一句话：“刘永坦在世间只走一条路，所以他不会迷路。漫漫长路只为找到那祖国辽阔海疆的守护神。”把梦想融入实现中国梦的壮阔奋斗之中，超越自我、升华自我，才会写下俯仰无愧的篇章，才会成就利国利民的事业，才会让精神力量在不断生长中折射出新的时代光芒。

《黑龙江日报》2021 年 9 月 29 日

文学故事

永远难忘

张雅文

当我还是一个单纯傻气、满脑子异想天开的少女，第一次读到一本厚厚的大书，很旧，借来的，名叫《科学家奋斗史话》。翻开这部书，就像打开了一个新奇的世界，我这个从山沟里走出来的傻丫头，第一次发现世界上还有这样一群人，他们用智慧推动了人类的进步、社会的发展，真是太伟大、太了不起了！从此，我对科学家产生了敬慕之情，觉得他们就像天上的星辰一样，照亮了世界，照亮了人类，也照亮了我这颗懵懂无知的心。我甚至不自量力地想：我长大以后也要当一名科学家！

随着年龄的增长、阅历的增加，敬慕之情越发强烈。如今，生命的小船已泊进夕阳的港湾，但内心仍然像孩童一般充满了激情，喜欢唱歌，喜欢数星星，喜欢仰慕伟大而崇高的人物。所以，2019 年 2 月 28 日，当我接到邀请，写雷达专家、哈工大教授刘永坦院士传记时，我欣然接受了。科学是一个国家发展的基石，而科学家则是民族的擎天之柱！他们支撑着国家的科技大厦，从而改变了中华民族近百年来的落后面貌。有幸走近这位荣获国家科学技术最高奖的院士，亲耳聆听他的故事，近距离地触摸他的灵魂，书写他的人生，是一件很荣幸的事。但也深知，这将是对我创作实力、思想境界、知识积累等各方面的巨大考验。

2019 年 5 月 28 日，当我手捧鲜花，满怀期待，兴致勃勃地走进刘永坦院士的办公室时，没想到，却遭到了不苟言笑的老院士的严肃拒绝。先前就得知，老院士淡泊名利，从不肯接受他人的采访，曾拒绝了好多北京来访的记者或作家，为此得罪了不少人。他越是拒绝，我越发心生敬意，越想“拿下”他。可是，2 个多小时过去了，无论来的领导怎样劝说，并出示相关文件，老院士就是不同意。无奈之下，我只好说出了我的心里话。

“刘院士，您与夫人都是 83 岁高龄了，都到了耄耋之年，而我也到了古稀之年。我们都不年轻了，都饱尝了中华民族被人欺凌的苦难，见证了新中国成立 70 年来翻天覆地的变化。今天，我们终于可以理直气壮地向世界宣告：中华民族强大起来了，再也不受霸权的欺凌了！我不是为了给您个人树碑立传，而是觉得您的成就值得写，这是国家的需要、社会的需要，也是广大青少年的需要！为了这次采访，我是推着坐轮椅的老伴一起来的，他腿骨折了需要我照顾……”一听我是推着老伴来的，刘院士夫妇顿时一脸惊讶，忙问我老伴在哪，怎么骨折的，多长时间了？冯老师还说，她也被汽车撞骨折过，拄了 20 年的拐。我告诉他们，老伴是 2017 年 12 月 25 日骑自行车摔的，他需要我照顾，我走到哪都用轮椅推着他。或许是我的真情打动了院士夫妇，或许是曾经沧海的人生，使我们 3 位老人产生了共鸣。精诚所至，金石为开。没想到，坐轮椅的老伴“帮”我敲开了这扇紧闭的大门。

我从老院士严肃认真的拒绝中，从他侠骨柔肠的表现中，看到一颗崇高而脱俗的灵魂。显然，这是一位真正淡泊名利之人。不为虚荣所屈服，不为名利所困扰，几十年如一日，把全部精力都用在新体制雷达的项目上，所以，才获得了今天的辉煌。接下来，我把老伴放在宾馆里，由出版社编辑小姜陪着他，我开始了半个多月的采访，随后又去雷达基地威海采访，初稿完成后，我又推着老伴去上海，请刘院士夫妇审阅初稿。在创作中，我遇到了40年来从未遇到过的难题。

以往每创作一部作品，动笔前，我都采取恶补的方式，以阅读大量的书籍来填补自身知识的不足。写第二次世界大战中的人物，就阅读大量第二次世界大战方面的书籍；写香港的题材，就阅读大量香港的历史资料。这次动笔前，我也阅读了大量的科学家传记。但写刘永坦院士，所涉及的是理工方面的高深学问，绝不是靠恶补所能填补的。我只能用文学语言，把我所理解的雷达，在不影响国家保密原则的情况下描述出来。其艰难，就像在爬山。这座山太高、太陡，远不是我这个学识浅薄之人所能征服的。

不记得有多少个夜晚，我那颗无眠的心总是在爬山，爬得我筋疲力尽，抬头瞅瞅，仍不见遥远的山顶。我常常觉得，江郎才尽，生命之泉已快枯竭，再没有了以往的欢快流淌。又是一个无眠之夜，已是凌晨1点，我在蒙眬中，脑海里忽然闪现出我问刘院士的话："您实验失败了，有没有绝望的时候？"他说："即使实验失败了，也从未绝望过。我坚信办法总会有的……如果在科研项目上，没有难点，没有风险，也无须攻关，那还叫什么科研？还需要我们这些教授、博导、院士干什么？要知道，每一次失败，不仅是对我们知识储备的考验，也是对我们团队毅力的考验！"蓦然间，我这颗疲惫的心突然有一种大彻大悟之感。是啊，没有难点，还叫什么创作？不登高山，哪能领略山顶的风光无限？

老院士从不言败的精神，成为激励我前行的动力，无论是大年初一，还是因疫情小区封闭，无论我有多苦多累，我都以老院士的精神为动力，竭尽全力履行着我的创作使命，直到完稿那天。

刘永坦院士出生在民族危难之际，出生在一个有着家国情怀的知

刘永坦院士在整理实验材料

识分子家庭。父亲对他说的一句话，影响了他的一生：“我不管你将来学什么专业，最好是学数理化，只希望你能为这个多灾多难的国家做点事！”我在书中写道：“母亲，用爱国诗篇启蒙他幼小的心灵；父亲，则用家国情怀铸就他一生的信念。残暴血腥的杀戮，则给刘永坦幼小心灵烙上无法愈合的伤痕，使他一生都在苦苦地追求着一个命题——为多灾多难的国家干点事，使我们的国家早日强大起来！”科学没有国界，而科学家却是有祖国的。构成科学家人生支柱的有两大要件：一个是他苦苦追求的科学事业；一个是他的精神世界。二者构成了科学家闪光的宇宙。他婉言拒绝了英国导师的3次挽留，毅然回到祖国。他将国家奖励他的800万元奖金，设立永瑞基金，全部捐献给哈工大用以奖励优秀学生。

刘永坦院士是一部大书，绝非几天采访所能阅透的，我只能高山仰止般地写出我对这部大书的读后感，献给亲爱的读者。

遗憾的是，帮我敲开刘院士大门的老伴却走了。他因骨质疏松于2021年3月再次骨折，于9月9日我们结婚54周年纪念日那天走了，我肝肠寸断般地痛苦。出殡那天，黑龙江人民出版社领导特意派来两名同志赶到北京昌平殡仪馆，将一本带着墨香的《为你而生——刘永坦传》精装本送到我手里。我捧着这部饱含着老伴心血和希望的作品，站在老伴的棂前，抚摸着他冰冷的脸，怀着无比的揪心之痛，对他说：“亲爱的老伴，我们的书终于出版了，你睁眼看看啊……”老伴非常支持我的创作，他疼我、爱我，用心捧了我一生。我知道，我正面临着一座真正的冰山。我相信，老伴的在天之灵正看着我，他绝不希望我就此沉沦下去，他一定希望我带着他生前的美好愿望，继续写下去，写出更多的好作品，写出我们美好的爱情……

我永远忘不了这一切。

《文艺报》2021 年 10 月 25 日

视频链接

中宣部授予刘永坦“时代楷模”称号

为贯彻落实习近平总书记在中央人才工作会议上的重要讲话精神，中央宣传部以云发布的方式，向全社会宣传发布刘永坦同志的先进事迹，授予他“时代楷模”称号。

刘永坦，汉族，1936年12月生，江苏南京人，中共党员，中国科学院院士、中国工程院院士、哈尔滨工业大学教授，雷达与信号处理技术专家、我国对海探测新体制雷达理论和技术奠基人。他胸怀祖国、服务人民，始终致力于我国对海远程预警技术研究和装备发展，为祖国筑牢“海防长城”；他追求真理、勇攀高峰，率先在国内开展新体制雷达研究，带领团队成功建成了我国首部具有全天时、全天候、远距离探测功能的对海新体制雷达；他学为人师、行为世范，坚守学术道德和科研伦理，甘为人梯、奖掖后学，把为学、为事、为人统一起来，培养了一大批科技领军人才。荣获2018年度国家最高科学技术奖；2019年被评为“最美奋斗者”；2021年被授予“全国优秀共产党员”，入选“3个100杰出人物”。

刘永坦同志的先进事迹经媒体报道后，受到社会各界高度关注。广大科技工作者、高校师生认为，刘永坦同志是科学素养深厚、组织领导能力突出的战略科学家，践行科学家精神的杰出典范；是担当为党育人、为国育才使命的“大先生”，教书育人的优秀代表；是国家富强、人民幸福的忠实守护者，新时代共产党员的先锋榜样。大家纷纷表示，要以“时代楷模”为榜样，更加紧密地团结在以习近平同志为核心的党中央周围，深入贯彻落实中央人才工作会议精神，立足两个大局，心怀“国之大者”，深怀爱国之心、砥砺报国之志，为国分忧、为国解难、为国尽责，主动担负起时代赋予的使命责任，为深入实施新时代人才强国战略，加快建设世界重要人才中心和创新高地努力拼搏奋斗，在报效祖国、服务人民中实现人生价值，在全面建设社会主义现代化国家的新征程上创造新的历史伟业。

“时代楷模”发布仪式现场宣读了《中共中央宣传部关于授予刘永坦同志“时代楷模”称号的决定》，播放了反映他先进事迹的短片。中央宣传部负责同志为刘永坦同志颁发了“时代楷模”奖章和证书，工业和信息化部、教育部、科技部、中国科协、中国科学院、中国工程院、黑龙江省委、哈尔滨工业大学党委负责同志以及科技工作者、高校师生代表参加了有关活动。

新华社北京 2021 年 9 月 29 日电

扫码观看发布仪式

《时代楷模发布厅》

编　辑：孙　岭

王　燕　邓　晶　孟　琛

黎　甜　巩　雪　张薏谨

中央电视台，2021 年 9 月 29 日